Poetischer Paris-Führer

Poetischer Paris-Führer

Französisch und deutsch

Zusammengestellt, eingeleitet
und mit Kommentaren versehen
von Mona Wodsak

Wissenschaftliche Buchgesellschaft
Darmstadt

Die Deutsche Bibliothek – CIP-Einheitsaufnahme

Poetischer Paris-Führer: französisch und deutsch / zsgest., eingeleitet und mit Kommentaren vers. von Mona Wodsak. – Darmstadt: Wiss. Buchges., 1994
ISBN 3-534-12433-2
NE: Wodsak, Mona [Hrsg.]

Bestellnummer 12433-2

Gedruckt auf säurefreiem und alterungsbeständigem Werkdruckpapier
Satz: Setzerei Gutowski, Weiterstadt
Druck und Einband: Wissenschaftliche Buchgesellschaft, Darmstadt
Printed in Germany
Schrift: Linotype Aldus, 9.5/11

ISBN 3-534-12433-2

Inhalt

Vom Bois de Boulogne zur Place de la Bastille

Vom Boulevard zum Montmartre

Im Quartier Latin

ENTLANG DER SEINE ...

Einleitung

Nicht erst seit der Großen Revolution als „Herz Europas" gefeiert, ist Paris – Lebenszentrum unseres bedeutendsten Nachbarlandes – seit langer Zeit ein beliebtes, heute nahezu selbstverständliches Urlaubs- und Wochenendziel. Reiseführer für die französische Hauptstadt gibt es deshalb unzählige. Daß wir deren kaum mehr überschaubarer Menge einen weiteren hinzufügen, hat seinen Grund in der Andersartigkeit seines Ansatzes: Der *poetische* Paris-Führer will keine Sehenswürdigkeiten, Hotels oder Restaurants empfehlen, keine Qualitätsurteile über Museen, Galerien oder Theater abgeben. Er möchte vielmehr das Paris-Bild der Dichter widerspiegeln, die wichtigsten Topoi der lyrischen Verarbeitung. So richtet der Band sich an Reisende, die über die gängigen Touristenattraktionen hinaus empfänglich sind für ungewöhnliche Sichtweisen und Facetten dieser Stadt; er wendet sich an alle, die ein tiefergehendes Verständnis erstreben für die poetische Ausdeutung dem Massentourismus verborgen bleibender Züge.

Jedes Gedicht wird von einem Kommentar begleitet, der topographische, historische, literarische Erläuterungen enthält. Diese Kommentare wollen nicht wiederholen, was in anderen Reiseführern nachzulesen ist; sie beschränken sich im wesentlichen auf Angaben, die zum Verständnis des Gedichts beitragen, sind als Lese- und Interpretationshilfe gedacht. Ähnlich wurde bei Informationen zur Biographie der Autoren verfahren. In Deutschland wenig bekannte Dichter werden kurz vorgestellt; ansonsten bleiben Angaben zur Person (neben Geburts- und Sterbedatum, die eine zeitliche Einordnung der Schaffensperiode erlauben) auf Informationen beschränkt, die Verständnishilfen für das Gedicht bieten oder das besondere Verhältnis des Autors zu Paris skizzieren. Schließlich wird darauf hingewiesen, wenn die Verfasser ein besonders enges Verhältnis zu Deutschland hatten oder sich als 'Brückenbauer' zwischen beiden Nationen verstanden – ein Anliegen auch dieses Bandes. Von daher erklärt sich die prinzipielle Beschränkung auf französische Gedichte, obwohl sich von Paris natürlich auch Dichter anderer Literaturen inspirieren ließen.

Der „poetische Paris-Führer“ ist aber mehr als eine Sammlung von Gedichten, die ein 'lyrisches' Bild der Stadt aus französischer Sicht vermitteln: Er will den Leser *führen*, und dies zunächst einmal an ganz konkrete Schauplätze, die in imaginären Streifzügen oder realiter aufgesucht werden können. Deshalb werden die nächstgelegenen Stationen der Métro oder der Regionalschnellbahn RER in den Kommentaren angegeben. So lädt unser „Paris-Führer“ dazu ein, auf bestimmten Wegen, auf Rundgängen durch bestimmte Viertel die Stadt mit den Augen der Dichter zu sehen, sich lenken zu lassen von ihrer Wahrnehmung und Darstellungsweise. Mit Ausnahme des Einleitungskapitels sind die Gedichte so angeordnet, daß sie als lyrische Wegmarken dienen können, die von einem Ort zum anderen leiten.

Immer wieder führt dieser Gang nicht nur durch das Paris der Gegenwart, sondern auch und vor allem durch das der Geschichte. Mit den Gedichten zum Marais beispielsweise (›In der Rue des Blancs-Manteaux‹, ›Musée Carnavalet‹, ›Place des Vosges‹) stoßen wir auf das glanzvolle Frankreich des Klassischen Jahrhunderts ebenso wie auf die Schreckensjahre der Revolution, in Gedichten zum Quartier Latin auf Spuren der römischen 'Lutetia' wie auf das Universitätsviertel des Mittelalters. Auch der poetische Gang entlang der Seine führt aus dem heutigen Paris wieder und wieder in eine nähere oder fernere Vergangenheit: beim Eiffelturm etwa ins späte neunzehnte, beim Pont-Neuf ins frühe 17. Jahrhundert. Die Conciergerie beschwört den Terror der Revolution und weist zugleich, wie Notre-Dame, zurück ins Mittelalter. All dies darf nicht verwundern: Paris ist eine Stadt, die noch heute stark aus ihrer Geschichte und mit ihrer Geschichte lebt, und französische Poeten sind sich vielleicht mehr noch als andere der historischen Tiefendimension der Plätze, Straßen, Brücken, Monumente ihrer Hauptstadt bewußt. Auch der Blick des heutigen Besuchers sollte daher geöffnet werden auf das stets durchscheinende Paris der Vergangenheit – sein Gang durch die Stadt sollte nicht nur örtliches Sich-Fortbewegen bedeuten von einer touristischen Station zur anderen, sondern Durchschreiten einer Geschichte von fast zwei Jahrtausenden.

Bei den Gedichten des ersten Kapitels liegt der Schwerpunkt nicht auf einzelnen Schauplätzen, sondern auf Paris als ständig sich wandelnder, in fortwährendem Umbruch, immerwährender Bewegung begriffener Stadt. Das Kapitel setzt ein im 17. Jahrhundert, zu der

Zeit, als ganz Europa nach Frankreich zu schauen und in Paris statt in Rom sein Zentrum zu sehen begann. Paris als unablässig gärender Revolutionsherd (hier am Beispiel von 1830) wird von Barbier thematisiert. Cros und Baudelaire evozieren die gewaltigen städtebaulichen Veränderungen unter Haussmann um die Mitte des 19. Jahrhunderts. Verlaine und Bruant beziehen sich, wenn auch nur implizit, auf andere Wandlungen im Erscheinungsbild der Stadt: Verlaine auf die neue Gasbeleuchtung (über die Paris früher als andere Metropolen verfügte), Bruant auf die Ausweitung durch ärmliche Arbeiterviertel in den Vororten. Supervielle und Aragon schließlich setzen sich mit der wohl größten Erschütterung auseinander, welche die Stadt in unserem Jahrhundert erleiden mußte: der Besetzung durch die Deutschen im Zweiten Weltkrieg. Abgeschlossen wird das Kapitel mit einem zeitgenössischen Chanson, einem der bekanntesten über die französische Hauptstadt. Nicht zufällig spielt es wiederum an auf bedeutende städtebauliche Veränderungen: den Neubau des Bahnhofs Montparnasse und des ihn umgebenden Stadtviertels.

Das zweite Kapitel führt entlang der West-Ost-Achse mit dem Bois de Boulogne und der Place de la Bastille als topographischen Begrenzungspunkten. Innerhalb dieser Markierungen beschwört die Fluchtlinie vom gewaltigen Triumphbogen der Place de l'Etoile bis zu dem von einem weiteren Triumphbogen begrenzten Tuilerien-Park (ebenso wie die nahegelegene Vendôme-Säule) das Paris der Napoleonischen Ära, die Erinnerung an den ruhmreichen Heerführer und seine «Grande Armee». Durch die Rue Saint-Martin (mit einem Abstecher in die Zeit des Zweiten Weltkriegs) führen die Gedichte dann ins Marais, das Aristokratenviertel des Ancien Régime. Das Kapitel leitet den Leser und Betrachter also im wesentlichen vom napoleonischen zurück ins absolutistisch-monarchistische Paris.

Das dritte Kapitel führt auf den Montmartre und damit wieder näher zur Gegenwart. Hinter den Boulevards de Clichy, Rochechouart und de la Chapelle, die Paris im Norden begrenzten, erhob sich dieser in der zweiten Hälfte des 19. Jahrhunderts noch ländliche Hügel, der sich dann nach und nach zu einem Armen-, wenig später auch zu einem Künstlerviertel entwickelte, das schnell für seine populären Kneipen, volkstümlichen Vergnügungen und derben Lustbarkeiten berühmt wurde. Auf dem Hintergrund der Entwicklung des Montmartre vom

Beginn der Dritten Republik bis zu den zwanziger Jahren unseres Jahrhunderts skizzieren die Gedichte des Kapitels eine interessante Entwicklung: Dem Lumpenproletariat, das die «Butte» zur Zeit Bruants bewohnte, zog die Künstlerbohème nach – Existenzen, die oft ums nackte Überleben rangen oder eine bewußte, bis zur Provokation reichende Abwendung von der Bourgeoisie zur Schau trugen (die Lieder des Montmartre-Chansonniers Bruant sind dafür typische Beispiele). So entstand auf dem Montmartre eine Art von Gegenwelt, die durch ihre pittoreske Exzentrik und ostentative Verachtung bürgerlicher Lebensart gerade diejenigen magisch anzog, von denen sich die Montmartre-Bewohner so deutlich unterschieden oder unterscheiden wollten. Und kaum hatte Salis mit seiner Kabarett-Kneipe «Chat Noir» oder Bruant mit dem «Mirliton» deutlich gemacht, daß aus dieser Anziehungskraft Profit zu schlagen war, begann die Entwicklung des Montmartre zu einer Stätte, die den neugierigen Blick auf Ungezügelt-Derbes, Populäres und 'Verrufen-Verruchtes' gezielt auf sich zu ziehen und kommerziell zu nutzen suchte. Nicht umsonst wurden das «Moulin Rouge» und ähnliche Etablissements gerade am Montmartre angesiedelt, und Kabaretts wie der «Chat Noir» fanden schnell Nachahmer. Nur folgerichtig ist so, daß es z. B. die Seine-Schiffer in Cocteaus Gedicht bei ihrem Landgang gerade auf den Montmartre zieht und Carco wie Salmon die zwielichtige Atmosphäre des Viertels beschwören.

Das Quartier Latin, ein traditionelles Studentenviertel, ist neben der Cité der älteste Pariser Stadtteil. Die Dichter scheinen hier zunächst insbesondere von seinen Kontrasten inspiriert worden zu sein. Neben dem bunten, lärmenden, wimmelnden Leben auf den breiten Boulevards und in den anliegenden, schmalen und verwinkelten Gäßchen, wo sich außer Touristen die Studenten der nahen Hoch- und Eliteschulen tummeln, trifft man nicht selten auch auf kleine, lauschige, verträumte Plätze. Gerade sie nun – ebenso wie der Jardin du Luxembourg und die stillen Arènes de Lutèce – werden gerne als poetisches Motiv gewählt. Spielen die Gedichte über den Montmartre zumeist in einem „Hier und Jetzt", führen die Gedichte zum Quartier Latin fast alle in die Vergangenheit – sei es in eine persönliche des „lyrischen Ich" (als Trauer über den Verlust der Jugend oder über vergangenes Liebesglück), sei es in die Pariser Stadtgeschichte.

«Paris sur Seine» wird die Stadt oftmals genannt, die auf einer Insel inmitten zweier Seine-Arme gegründet wurde. Die Seine, von der Paris seit mehr als eineinhalb Jahrtausenden geteilt wird, gewährte ursprünglich den Bewohnern jener Insel Schutz. Seit je aber war sie eine wichtige Lebensader für die Stadt. Nicht zufällig zeigt deren Wappen seit dem Mittelalter ein Schiff, das Zunftzeichen der Kaufleute zu Wasser, bald ergänzt durch die stolze Devise „Fluctuat nec mergitur". Noch heute ist das Erscheinungsbild der Stadt wesentlich geprägt von der Seine mit der Vielzahl ihrer Brücken, die wieder und wieder besungen wurde. So beginnt das letzte Kapitel mit einem Gedicht über den Strom und seine Quais in vergangenen Zeiten, und es schließt mit einem zeitgenössischen Chanson.

Vom Pont Mirabeau, der zum Zeitpunkt seiner Erbauung als Symbol der Moderne und des Aufbruchs ins 20. Jahrhundert galt, führt der Weg entlang der Seine einmal mehr immer weiter zurück in die Geschichte. Er endet bei den zwei Seine-Inseln mit Schwerpunkt auf der Ile de la Cité, dem historischen Herzstück von Paris. Insbesondere das Nerval-Gedicht zeigt erneut, wie sehr der Blick französischer Poeten gelenkt ist vom Bewußtsein nationaler Vergangenheit und Größe. Interessant ist hier, daß Nerval den Dichtern eine entscheidende Rolle zumißt: Selbst wenn dereinst der steinerne Bau zerfällt, wird Notre-Dame so lange unvergänglich bleiben, wie die Kathedrale durch die Literatur und ihre Leser lebendig erhalten wird. So sieht sich gewiß auch Nerval als einer von jenen, die kraft ihrer Verse die Unvergänglichkeit von Paris verbürgen, und steht damit für nicht wenige der Autoren, die wir in diesem Band vereint haben.

Über die häufige Evokation der Vergangenheit hinaus, die bei unserer Kurzvorstellung der Einzelkapitel zur Genüge angesprochen wurde, lassen sich zwischen diesen Kapiteln selbstverständlich eine Reihe weiterer Verbindungslinien ziehen. So gilt Paris von alters her als Stadt der Liebe und der Liebenden, und es ist kein Zufall, daß gerade an Orten, die als besonders typisch für glücklich Liebende gelten, der Blick der Dichter auf Liebespärchen fällt oder die Gedichte eine erfüllte Liebesbeziehung thematisieren (am Seine-Ufer, im Quartier Latin mit dem Jardin du Luxembourg, auf dem Montmartre). Auffällig ist jedoch, daß entgegen dem landläufigen Klischee in der Darstellung der Dichter sehr häufig auch und gerade die unglückliche

Liebe ins Blickfeld rückt – die unerfüllten Sehnsüchte, die Erkenntnis der Vergänglichkeit aller Liebe, die Trauer um vergangenes Glück und der Schmerz über erlittenen Verlust.

Ein weiterer Topos ist der von Paris als Stadt der Lieder, Chansons, Melodien. In den Gedichten wird so oft der visuelle durch einen akustischen Eindruck ergänzt: In allen Stadtteilen hört man Lieder und Musik; Mädchen singen, Burschen pfeifen; selbst der Wind singt hier seine Melodie, ganz wie die Seine oder eine Fontäne auf dem Montmartre. Bei Carco schließlich ist Paris selbst zur Melodie geworden, bei Hardellet zu einem niemals endenden Chanson.

Diese Beispiele mögen zeigen, daß man die Gedichte selbstverständlich auch nach anderen Gliederungspunkten hätte auswählen und anordnen können. Begnügen wir uns mit der Erwähnung einiger weniger: Paris als Sündenbabel und Ort des Verbrechens, als Sammelbecken der gesellschaftlich Geächteten; Paris im Wechsel der Jahres- und Tageszeiten; Paris als Stadt, die sich trotz aller Umbrüche im wesentlichen gleich bleibt; Paris als Faszinosum, Paris als Moloch. Vielfältig sind somit die Verflechtungen der Gedichte untereinander, und immer wieder können wir gleiche oder ähnliche Motive aufspüren. Doch lassen wir nun den Leser seine eigenen Verbindungslinien auf den Wegen durch sein „poetisches Paris" ziehen.

Paris im Wandel der Zeiten

Léon Gambier: Paris en 1650

Sonnet

Un amas confus de maisons,
Des crottes dans toutes les rues,
Ponts, Eglises, Palais, Prisons,
Boutiques bien ou mal pourveues,

Forces gens noirs, blancs, roux, grisons,
Des prudes, des filles perdues,
Des meurtres & des trahisons,
Des gens de plume aux mains crochues,

Maint poudré qui n'a point d'argent,
Maint homme qui craint le Sergent,
Maint Fanfaron qui toûjours tremble,

Pages, Laquais, Voleurs de nuict,
Carosses, chevaux & grand bruit:
C'est là Paris; que vous en semble?

(Paul Scarron)

Sonett

Wirrwarr von Häusern, nicht zu überblicken,
Dreck und Gestank in allen Gassen,
Kerker, Paläste, Kirchen, Brücken,
Läden fast leer oder mit Warenmassen,

Vielfarbig Volk mit Haaren grau, schwarz, rot,
Und spröde Frauen und wohlfeile Lenden,
Betrug, Verrat und Mord und Tod,
Die Literaten mit den Krallenhänden,

Manch' Modegeck, der Hunger leidet,
Mancher, der den Gendarmen meidet,
Manch' Maulheld, der das Zittern hat,

Lakaien, Pagen, Diebsgekröse,
Karossen, Pferde, Lärm, Getöse,
Das ist Paris. Was sagt denn euch die Stadt?

(Mona Wodsak)

La cuve

Il est, il est sur terre une infernale cuve,
On la nomme Paris; c'est une large étuve,
Une fosse de pierre aux immenses contours
Qu'une eau jaune et terreuse enferme à triples tours;
C'est un volcan fumeux et toujours en haleine
Qui remue à longs flots de la matière humaine;
Un précipice ouvert à la corruption
Où la fange descend de toute nation,
Et qui de temps en temps, plein d'une vase immonde,
Soulevant ses bouillons déborde sur le monde.

Là, dans ce trou boueux, le timide soleil
Vient poser rarement un pied blanc et vermeil;
Là les bourdonnements nuit et jour dans la brume
Montent sur la cité comme une vaste écume;
Là personne ne dort, là toujours le cerveau
Travaille, et, comme l'arc, tend son rude cordeau.
On y vit un sur trois, on y meurt de débauche;
Jamais, le front huilé, la mort ne vous y fauche,
Car les saints monuments ne restent dans ce lieu
Que pour dire: Autrefois il existait un Dieu.

Là tant d'autels debout ont roulé de leurs bases,
Tant d'astres ont pâli sans achever leurs phases,
Tant de cultes naissants sont tombés sans mûrir,
Tant de grandes vertus là s'en vinrent pourrir,
Tant de chars meurtriers creusèrent leur ornière,
Tant de pouvoirs honteux rougirent la poussière,
De révolutions au vol sombre et puissant
Crevèrent coup sur coup leurs nuages de sang,
Que l'homme, ne sachant où rattacher sa vie,
Au seul amour de l'or se livre avec furie.

Der Höllenkessel

Ein Höllenkessel ist auf diesem Erdenrunde,
Er heißt Paris und dampft und qualmt zu jeder Stunde;
Ein wannenförm'ger Kreis, aus Quadern aufgeführt,
Dreimal von eines Stroms erdfahlem Arm umschnürt;
Ein brodelnder Vulkan, der nimmermüden Hauches
Die Menschenmasse wälzt im Abgrund seines Bauches,
Ein Schlund, der, allem Schmutz des Lasters aufgethan,
Den Auswurf jedes Volks bestimmt scheint zu empfahn,
Und der von Zeit zu Zeit, erhitzt von trüben Gluten
Aufkocht, mit seinem Schlamm die Welt zu überfluten.

In diese Lache setzt der ros'ge Sonnentag
Den schimmernd weißen Fuß nur selten und nur zag;
Ein ewiges Getös steigt aus dem Kreis der Dächer
Im Nebel Tag und Nacht wie Schaum aus einem Becher;
Da ist kein Schlaf; das Hirn sinnt ewig angespannt,
Der Bogensehne gleich, gestrafft von Schützenhand.
Auf drei lebt Einer nur, der nicht in Lüsten endet,
Nie wird dem Sterbenden das letzte Öl gespendet,
Und blieb noch hie und da ein Heiligtum verschont,
So sagt es nur: auch hier hat *einst* ein Gott gewohnt.

Wie mancher Altar ward gestürzt hier und geschändet!
Wie manch Gestirn erblich, bevor's den Lauf vollendet!
Wie manche Lehre fiel, noch ehe sie gereift!
Wie mancher Tugend ward die Blüte abgestreift!
Wie manch Triumphgespann hat hier die Saat getötet,
Wie manches Thrones Schmach den Staub umher gerötet!
Die Revolution, die Wolke schwarz und groß
Hier barst sie oft; allein nur Blut enthielt ihr Schoß,
So daß der Mensch, bedräut von ew'gen Schicksalsläufen,
Sich nur der Einen Wut noch hingibt, Gold zu häufen.

Misère! Après mille ans de bouleversements,
De secousses sans nombre et de vains errements,
De cultes abolis et de trônes superbes
Dans les sables perdus, et couchés dans les herbes,
Le Temps, ce vieux coureur, ce vieillard sans pitié,
Qui va par toute terre écrasant sous le pié
Les immenses cités regorgeantes de vices,
Le Temps, qui balaya Rome et ses immondices,
Retrouve encore, après deux mille ans de chemin,
Un abîme aussi noir que le cuvier romain.

Toujours même fracas, toujours même délire,
Même foule de mains à partager l'empire,
Toujours même troupeau de pâles sénateurs,
Même flots d'intrigants et de vils corrupteurs,
Même dérision du prêtre et des oracles,
Même appétit des jeux; même soif des spectacles,
Toujours même impudeur, même luxe effronté,
En chair vive et en os même immoralité;
Mêmes débordements, mêmes crimes énormes,
Moins l'air de l'Italie et la beauté des formes.

La race de Paris, c'est le pâle voyou
Au corps chétif, au teint jaune comme un vieux sou;
C'est cet enfant criard que l'on voit à toute heure
Paresseux et flanant, et loin de sa demeure
Battant les maigres chiens, ou le long des grands murs
Charbonnant en sifflant mille croquis impurs;
Cet enfant ne croit pas, il crache sur sa mère,
Le nom du ciel pour lui n'est qu'une farce amère;
C'est le libertinage enfin en raccourci;
Sur un front de quinze ans c'est le vice endurci.

Et pourtant il est brave, il affronte la foudre,
Comme un vieux grenadier il mange de la poudre,

O Elend! Muß denn heut nach soviel Wahn und Qual,
Irrfahrten ohne Rast, Umstürzen ohne Zahl,
Nachdem so mancher Thron, manch stolzes Königsbildnis
Verloren ging im Sand, im hohen Gras der Wildnis,
Muß die Vagantin Zeit, die Greisin, deren Fuß
Gleichgültig niedertritt was untergehen muß,
Die manche Weltstadt schon, verfault in üpp'gem Laster,
Die Rom hinweggekehrt, wie Schmutz vom Straßenpflaster,
Muß sie, gealtert heut um zweimal tausend Jahr,
Noch Eine Hölle schaun, wie jene röm'sche war?

Derselbe Taumel hier wie dort, dasselbe Lärmen
Der Geier, die das Aas des Kaiserreichs umschwärmen!
Dieselbe Gier, die frech was heilig ist, entweiht
Und den Orakeln taub nach Brot und Spielen schreit!
Dieselbe Kriecherei furchtbleicher Senatoren
Und feiler Sklavenbrut, zu List und Trug verschworen!
Derselbe Lasterpomp, der schamlos sich entblößt!
Dieselbe Lüsternheit, die Fleisch und Knochen löst!
Gleich riesig dort wie hier Verbrechen, Lug, Gemeinheit!
Nur fehlt Italiens Luft und seiner Formen Reinheit.

Dein echt Geschlecht, Paris, das ist der Straßenschreier,
Halbwüchsig, schmutzig fahl, wie ein verschliffner Dreier,
Das ungezogne Kind, der Taugenichts, der träg
Verschlendert Tag um Tag, der gern auf seinem Weg
Die magern Hunde quält, und seinen Gassenhauer
Sich pfeifend, schlüpfrig Zeug hinkritzt an jede Mauer.
An nichts glaubt dieses Kind; es speit die Mutter an,
Der Himmel dünkt ihm nur ein abgeschmackter Wahn;
Was zuchtlos nur und frech spukt in des Burschen Hirne,
Dem reif das Laster steht auf fünfzehnjähr'ger Stirne.

Doch ist er kühn; ihn schreckt kein Donner der Kanonen,
Gleich einem Grenadier kaut er an den Patronen;

Il se jette au canon en criant: Liberté!
Sous la balle et le fer il tombe avec beauté.
Mais que l'Émeute aussi passe devant sa porte,
Soudain l'instinct du mal le saisit et l'emporte,
Le voilà grossissant les bandes de vauriens,
Molestant le repos des tremblants citoyens,
Et hurlant, et le front barbouillé de poussière,
Prêt à jeter à Dieu le blasphème et la pierre.

O race de Paris, race au cœur dépravé,
Race ardente à mouvoir du fer ou du pavé!
Mer, dont la grande voix fait trembler sur les trônes
Ainsi que des fiévreux tous les porte-couronnes!
Flot hardi qui trois jours s'en va battre les cieux,
Et qui retombe après, plat et silencieux!
Race unique en ce monde! effrayant assemblage
Des élans du jeune homme et des crimes de l'âge,
Race qui joue avec le mal et le trépas;
Le monde entier t'admire et ne te comprend pas!

Il est, il est sur terre une infernale cuve,
On la nomme Paris; c'est une large étuve,
Une fosse de pierre aux immenses contours
Qu'une eau jaune et terreuse enferme à triples tours;
C'est un volcan fumeux et toujours en haleine
Qui remue à longs flots de la matière humaine;
Un précipice ouvert à la corruption
Où la fange descend de toute nation,
Et qui de temps en temps, plein d'une vase immonde,
Soulevant ses bouillons déborde sur le monde.

Octobre 1831 (Auguste Barbier)

Freiheit! Mit diesem Ruf trotzt er im Schlachtgedröhn
Den Kugeln; wenn er fällt, so fällt er stolz und schön.
Doch laß des Aufruhrs Sturm durch seine Gasse fahren,
So folgt er ebenso beherzt den Meuterscharen;
Da schreckt er schadenfroh, vom bösen Geist erfaßt,
Mit drohendem Geheul den Bürger aus der Rast
Und schleudert, schwarz von Staub, voran der wüsten Rotte,
Die Läst'rung und den Stein zugleich nach seinem Gotte.

O Pöbel von Paris, herzlose Brut des Lasters,
Die keck das Eisen schwingt und keck den Stein des Pflasters,
Du Meer, des Zorngebrüll, wenn es im Sturm erwacht,
Auf der gekrönten Stirn den Goldreif zittern macht,
Das himmelhoch drei Tag' emporwirft seine Massen,
Und wieder fällt und träg sich hinstreckt und gelassen,
Volk, einzig in der Welt, in dem sich rätselhaft
Mit Greisensünden mischt beschwingte Jugendkraft,
Das mit Verbrechen spielt und mit dem Tode – immer
Erstaunt vor dir die Welt, doch sie begreift dich nimmer.

Ein Höllenkessel ist auf diesem Erdenrunde,
Er heißt Paris und dampft und qualmt zu jeder Stunde;
Ein wannenförm'ger Kreis, aus Quadern aufgeführt,
Dreimal von eines Stroms erdfahlem Arm umschnürt;
Ein brodelnder Vulkan, der nimmermüden Hauches
Die Menschenmasse wälzt im Abgrund seines Bauches,
Ein Schlund, der, allem Schmutz des Lasters aufgethan,
Den Auswurf jedes Volks bestimmt scheint zu empfahn,
Und der von Zeit zu Zeit, erhitzt von trüben Gluten
Aufkocht, mit seinem Schlamm die Welt zu überfluten.

(Emanuel Geibel/Heinrich Leuthold)

Croquis parisien

La lune plaquait ses teintes de zinc
Par angles obtus.
Des bouts de fumée en forme de cinq
Sortaient drus et noirs des hauts toits pointus.

Le ciel était gris. La bise pleurait
Ainsi qu'un basson.
Au loin, un matou frileux et discret
Miaulait d'étrange et grêle façon.

Moi, j'allais, rêvant du divin Platon
Et de Phidias,
Et de Salamine et de Marathon,
Sous l'œil clignotant des bleus becs de gaz.

(Paul Verlaine)

Pariser Skizze

Mond sandte Thekenglanz von milden Strahlen
In stumpfen Winkeln her.
Rauch formte über spitzen Dächern Zahlen,
Entquoll, tiefschwarz und dicht, dem Giebelmeer.

Grau war der Himmel. Der Nordostwind klagte,
Wie ein Fagott er klang.
Ein Kater, frierend, streunend, fern verzagte,
Dünn nur und bebend sein Miauen zu mir drang.

Ich ging dahin: Im Traum stieg Plato vor mir auf,
Der Künstler Phidias,
Auch Salamis, nach Marathon der Siegeslauf,
Und über mir blakt' zittrig blau der Straßenlampen Gas.

(Mona Wodsak)

Le cygne

Victor Hugo

I

Andromaque, je pense à vous! Ce petit fleuve,
Pauvre et triste miroir où jadis resplendit
L'immense majesté de vos douleurs de veuve,
Ce Simoïs menteur qui par vos pleurs grandit,

A fécondé soudain ma mémoire fertile,
Comme je traversais le nouveau Carrousel.
Le vieux Paris n'est plus (la forme d'une ville
Change plus vite, hélas! que le cœur d'un mortel);

Je ne vois qu'en esprit tout ce camp de baraques,
Ces tas de chapiteaux ébauchés et de fûts,
Les herbes, les gros blocs verdis par l'eau des flaques,
Et, brillant aux carreaux, le bric-à-brac confus.

Là s'étalait jadis une ménagerie;
Là je vis, un matin, à l'heure où sous les cieux
Froids et clairs le Travail s'éveille, où la voirie
Pousse un sombre ouragan dans l'air silencieux,

Un cygne qui s'était évadé de sa cage,
Et, de ses pieds palmés frottant le pavé sec,
Sur le sol raboteux traînait son blanc plumage.
Près d'un ruisseau sans eau la bête ouvrant le bec

Baignait nerveusement ses ailes dans la poudre,
Et disait, le cœur plein de son beau lac natal:
«Eau, quand donc pleuvras-tu? quand tonneras-tu, foudre?»
Je vois ce malheureux, mythe étrange et fatal,

Der Schwan

Victor Hugo gewidmet

I

Ich denke dein, Andromache! Der Bach
Der trübe seichte Spiegel welcher einst
Dich aufnahm und dein hohes Ungemach
Simois, der nur strömte wenn du weinst

Ist plötzlich in mein Sinnen eingedrungen
Beim Gange übers Neue Carrousel.
Die Altstadt ist dahin – wenn Neuerungen
Uns wandeln sinken Städte doppelt schnell.

Ich sehe jenen Platz mit den Baracken
Den Torsi und Pilastern noch im Geist
Wo zwischen Blöcken und bemoosten Schlacken
Ein feiler Trödel in den Fenstern gleißt.

Dort war ein Tierpark aufgebaut gewesen
Wo einst im frühen Froste wenn im Freien
Die Tagfron aufsteht und ein Heer von Besen
Die Schwärze des Orkans der Luft verleihen

Vor seinem Käfig einen Schwan ich fand
Der seinen Schwimmfuß übers Pflaster zog
Und seinen weißen Fittich durch den Sand;
Als dann der trockne Bach den Durstigen trog

Wälzt er im Staub sein zuckendes Gefieder
Und sprach erfüllt vom Bild der Heimatseen:
„Wann wirst du fallen, Naß? Wann, Blitz, fährst du hernieder?"
Ich sah den Armen – mythisches Geschehn –

Vers le ciel quelquefois, comme l'homme d'Ovide,
Vers le ciel ironique et cruellement bleu,
Sur son cou convulsif tendant sa tête avide,
Comme s'il adressait des reproches à Dieu!

II

Paris change! mais rien dans ma mélancolie
N'a bougé! palais neufs, échafaudages, blocs,
Vieux faubourgs, tout pour moi devient allégorie,
Et mes chers souvenirs sont plus lourds que des rocs.

Aussi devant ce Louvre une image m'opprime:
Je pense à mon grand cygne, avec ses gestes fous,
Comme les exilés, ridicule et sublime,
Et rongé d'un désir sans trêve! et puis à vous,

Andromaque, des bras d'un grand époux tombée,
Vil bétail, sous la main du superbe Pyrrhus,
Auprès d'un tombeau vide en extase courbée;
Veuve d'Hector, hélas! et femme d'Hélénus!

Je pense à la négresse, amaigrie et phthisique,
Piétinant dans la boue, et cherchant, l'œil hagard,
Les cocotiers absents de la superbe Afrique
Derrière la muraille immense du brouillard;

A quiconque a perdu ce qui ne se retrouve
Jamais, jamais! à ceux qui s'abreuvent de pleurs
Et tettent la Douleur comme une bonne louve!
Aux maigres orphelins séchant comme des fleurs!

Ainsi dans la forêt où mon esprit s'exile
Un vieux Souvenir sonne à plein souffle du cor!
Je pense aux matelots oubliés dans une île,
Aux captifs, aux vaincus! ... à bien d'autres encor!

(Charles Baudelaire)

Gen Himmel oft wie bei Ovidius der Verbannte
Gen Himmel dessen Bläue grausam loht
Den Kopf so recken daß sein Hals sich spannte
Als sende seinen Vorwurf er zu Gott.

II

Paris wird anders, aber die bleibt gleich
Melancholie. Die neue Stadt die alte
Mir wirds ein allegorischer Bereich
Und mein Erinnern wuchtet wie Basalte.

Selbst hier vorm Louvre liegt es schwer auf mir
Ich denk an meinen Schwan, wie er entwich
So lächerlich so groß wie dieses Tier
Verzehren sich Verbannte – und an dich

Andromache die dem Gemahl entglitten
Die unter Pyrrhus feil ward zum Genuß
Die überm leeren Sarkophag gelitten
Und Hektors war und ward des Helenus.

Ich denk der Schwarzen die von Sucht verzehrt
Im Schlamm sich quält und mit verstörten Blicken
Die Zauberpalmen Afrikas entbehrt
Vor denen zähe Nebel sich verdicken;

Und aller derer welche ein Verlust
Unheilbar kränkte, all der Tränenreichen
(Die Wölfin ‚Jammer' nahm sie an die Brust)
Der Waisen deren Blumenhäupter bleichen.

Durch meinen Wald die Ruh des Ruhelosen
Hör ich wie Hornruf ein Erinnern wandern
Ich denk im Riff vergessener Matrosen
Gefangener Besiegter ... vieler andern.

(Walter Benjamin)

A M. Haussmann

Ancien Préfet de la Seine

La maison est démolie,
Le petit nid est en l'air
Où j'eus ton cœur et ta chair,
Ma maîtresse si jolie! ...

Je vois toujours dans l'ouest clair
Cette comète abolie.
Tombez pierres, ciment, fer!
L'amour jamais ne s'oublie.

Démolissez les maisons,
Changez le cours des saisons,
Plongez-moi dans l'opulence,

Vous ne pourrez effacer
La trace de son baiser.
Le vrai c'est ce que je pense.

(Charles Cros)

An Herrn Haussmann

Ex-Präfekt des Seine-Departements

Das Haus, zertrümmert, ist dahin,
Das Kuschelnest brutal zerstört ...
Mein Liebchen, einst hat mir darin
Dein Herz so wie dein Leib gehört.

Im Westen schimmert nach ein Licht –
Des Meteors so flücht'ger Schein.
Stürzt, Beton, Eisen, Stein um Stein!
Wer je geliebt, vergißt das nicht.

Reißt ruhig alle Häuser ein,
Herrscht über Regen, Sonnenschein,
Erstickt mich in Bequemlichkeit,

Die Spur ihr niemals löschen könnt
Der Küsse, die sie mir gegönnt.
Was ich mir denk', ist Wirklichkeit.

(Mona Wodsak)

Dans la rue

Moi, je n'sais pas si j'suis d'Grenelle,
De Montmartre ou de la Chapelle,
D'ici, d'ailleurs ou de là-bas;
Mais j'sai ben qu'la foule accourue,
Un matin, m'a trouvé su' l'tas
Dans la rue.

Ya ben des chanc's pour que mon père
Il ay' jamais connu ma mère
Qu'a jamais connu mon daron,
Mon daron qui doit l'avoir eue,
Un soir de noc', qu'il était rond,
Dans la rue.

J'm'ai jamais connu d'aut' famille
Que la p'tit marmaill' qui fourmille,
Aussi quand ej'm'ai marida,
J'm'ai mis avec un' petit' grue
Qui truquait, le soir, à dada,
Dans la rue.

C'était un' petit' gonzess' blonde
Qu'avait la gueul' de la Joconde,
La fess' ronde et l'téton pointu
Et qu'était aussi bien foutue
Qu'les statu's qui montrent leur cul
Dans la rue.

C'est ça qu'c'était ben mon affaire! ...
Mais un beau soir a s'a fait faire:
Les mœurs l'ont fourrée au ballon
Et, depuis qu'elle est disparue,
J'sorgue à la paire et j'fais ballon
Dans la rue.

Auf der Straße

Ich weiß nich recht, stamm ich nun her aus Grenell,
Stamm ich vom Montmart' oder von La Chapell,
Von hier oder dort oder annerswo her;
Ich weiß nur, nen Morgen, da stand da ne Masse
Von Maulaffen . . . und außem Müll nahm mich wer
Auf der Straße.

Der Kerl, wo sich nie nich mein Vater genannt,
Der hat meine Mutter wohl ga' nich gekannt,
Die dem auch in seine Visage nich sah,
Als er sie im Suff nahm, nur schnell ma' zum Spaße,
In irgendner Nacht, als grad geil er ma' wa',
Auf der Straße.

Ich hab auch noch nie ne Familje gekannt,
Bin nur mit 'n Gören im Rinnstein gerannt,
Und als ich dann scharf wurde auf eine Braut
Da nahm ich'n Flittchen nich ganz ohne Rasse
Was nachts anner Ecke nach Kunden ausschaut
Auf der Straße.

Das war sone Puppe mit strohblonder Matte,
Nen Frätzchen, glatt wie Mona Lisa es hatte,
Mit knackigen Brüsten und Schenkeln ganz dralln,
Vom Kopf bis zum Arsch war sie ganz große Klasse
Wie Statuenhintern, die jedem gefalln
Auf der Straße.

Mit der wa' ich wirklich so richtig gut drauf!
Doch an sonem Abend, da flog sie dann auf:
Die Sitte, die sperrte knallwuppdich sie ein,
Und seit sie mich da so alleine gelasse',
Da schieb ich Mords-Kohldampf und penn nur im Frei'n . . .
Auf der Straße.

A présent, où qu'vous voulez qu'j'aille?
Vous vouderiez-t'y que j'travaille?
J'pourrais pas . . . j'ai jamais appris . . .
Va falloir que j'vole ou que j'tue . . .
Hardi! Joyeux, pas vu . . . pas pris . . .
Dans la rue.

Et pis zut! et viv'nt les aminches!
Viv'nt les escarp' et viv'nt les grinches! . . .
Un jour faudra que j'passe aussi
D'vant la foule encore accourue
Pour voir ma gueule en raccourci,
Dans la rue.

(Aristide Bruant)

Soll wirklich ich zu ner Maloche jetz gehn?
Das kann ich doch ga' nich, das mußte verstehn!
Mit Arbeit, das is nich ... mich lernte man nix ...
Ich kann nur noch zuhaun und klaun inner Gasse ...
Zackpeng! Keiner siehts – und dann abhaun ganz fix
Auf der Straße.

Und drauf allen Kumpels ne Runde ausgeben!
Ganoven, Halunkenvolk, hoch sollt ihr leben!
Ich weiß schon, ich werde mich irgendwann trolln
Vor Maulaffen, die wieder dastehn in Masse,
Weil sie mich partu nen Kopp kürzer sehn wolln
Auf der Straße.

(Mona Wodsak)

Paris

O Paris, ville ouverte
Ainsi qu'une blessure,
Que n'es-tu devenue
De la campagne verte.

Te voilà regardée
Par des yeux ennemis,
De nouvelles oreilles
Ecoutent nos vieux bruits.

La Seine est surveillée
Comme du haut d'un puits
Et ses eaux jour et nuit
Coulent emprisonnées.

Tous les siècles français
Si bien pris dans la pierre
Vont-ils pas nous quitter
Dans leur grande colère?

L'ombre est lourde de têtes
D'un pays étranger.
Voulant rester secrète
Au milieu du danger

S'éteint quelque merveille
Qui préfère mourir
Pour ne pas nous trahir
En demeurant pareille.

(Jules Supervielle)

Paris

Du offne Stadt, du wunden-
offene Stadt Paris,
Flachland zu sein und Grasland,
viel besser stünd dir dies.

Die Augen, die dich sehen,
sie schaun aus Feindsgesicht,
die nicht hierher gehören,
hörn: Altvertrautes spricht.

Die Seine – unter Aufsicht,
am Boden eines Schachts,
nachtaus, tagein, ihr Wasser,
es wälzt Gefangenschaft.

Ihr Quadern und ihr Steine,
die ihr französisch seid:
ob ihr nicht von uns fortgeht
vor lauter Zorn und Leid?

Die Köpfe, dicht, im Schatten,
die aus dem fremden Land –
Es will geheim hier dauern,
gefährdet, ungebannt,

ein Wunder, irgendeines,
es lischt, es mag nicht mehr,
es will uns nicht verraten,
so bleibend wie bisher.

(Paul Celan)

Paris

Où fait-il bon même au cœur de l'orage
Où fait-il clair même au cœur de la nuit
L'air est alcool et le malheur courage
Carreaux cassés l'espoir encore y luit
Et les chansons montent des murs détruits

Jamais éteint renaissant de sa braise
Perpétuel brulôt de la patrie
Du Point-du-Jour jusqu'au Père-Lachaise
Ce doux rosier au mois d'Août refleuri
Gens de partout c'est le sang de Paris

Rien n'a l'éclat de Paris dans la poudre
Rien n'est si pur que son front d'insurgé
Rien n'est si fort ni le feu ni la foudre
Que mon Paris défiant les dangers
Rien n'est si beau que ce Paris que j'ai

Rien ne m'a fait jamais battre le cœur
Rien ne m'a fait ainsi rire et pleurer
Comme ce cri de mon peuple vainqueur
Rien n'est si grand qu'un linceul déchiré
Paris Paris soi-même libéré

(Louis Aragon)

Paris

Wo ist es schön wenn Sturm und Wetter droht
Wo ist es hell wenn schwarz das Dunkel schweigt
Wein ist die Luft und Mut gebiert die Not
In Fensterhöhlen noch sich Hoffnung zeigt
Und Singen aus geborstnen Mauern steigt

Des Vaterlandes Fackel stets in Rauch
Verlöschend nie flammst auf du aus der Glut
Von Point-du-Jour bis Père-Lachaise Ein Strauch
Von süßen Rosen in der Sommerflut
Volk aller Welt das ist Paris dein Blut

Nichts glänzt so wie Paris im Pulverdampf
Nichts ist so stark obs Blitz und Feuer spie
Nichts hebt die makellose Stirn zum Kampf
Wie meine Stadt die Todesmut bewies
Nichts ist so schön wie mein Paris Paris

Nichts das mich je so lachen weinen läßt
Nichts das im Leib das Herz mir macht so weit
Wie meines Volkes Siegesschrei Nichts ist
So groß wie ein zerrissen Totenkleid
Paris Paris aus eigner Kraft befreit

(Helmut Heinrich)

Il est cinq heures, Paris s'éveille

Je suis l'dauphin de la plac' Dauphine
Et la plac' Blanche a mauvais' mine
Les camions sont pleins de lait
Les balayeurs sont pleins d'balais.

Il est cinq heures
Paris – s'éveille
Paris – s'éveille.

Les travestis vont se raser
Les strip-teaseuses sont rhabillées
Les traversins sont écrasés
Les amoureux sont fatigués.

Il est cinq heures
...

Le café est dans les tasses
Les cafés nettoient leurs glaces
Et sur le boulevard Montparnasse
La gare n'est plus qu'une carcasse.

Il est cinq heures
...

Les banlieusards sont dans les gares
A la Villette on tranche le lard
Paris by night regagne les cars
Les boulangers font des bâtards.

Il est cinq heures
...

Es ist fünf Uhr, Paris wacht auf

Dauphin bin ich der Plac' Dauphin'
Und die Plac' Blanche döst dahin
Transporter sind voll Lebensmittel
Und Straßenkehrer kehr'n im Kittel.

Es ist fünf Uhr
Paris – wacht auf
Paris – wacht auf.

Der Transvestit rasiert sich glatt
Die Stripse ist vom Strippen matt
Im Bett die Kissen sind längst platt
Die Liebenden vom Lieben satt.

Es ist fünf Uhr
...

Der Kaffee dampft schon in der Tasse
Im Café putzt man die Terrasse
Und auf dem Boul'vard Montparnasse
Da zieht der Bahnhof 'ne Grimasse.

Es ist fünf Uhr
...

Vorstädter stehn am Bahnsteig Schlange
Im Schlachthof wird dem Vieh schon bange
Die Nachtbars sind nicht mehr zugange
Der Bäcker formt die Weißbrotstange.

Es ist fünf Uhr
...

La Tour Eiffel a froid aux pieds
L'Arc de Triomphe est ranimé
Et l'Obélisque est bien dressé
Entre la nuit et la journée.

Il est cinq heures
. . .

Les journaux sont imprimés
Les ouvriers sont déprimés
Les gens se lèvent, ils sont brimés
C'est l'heure où je vais me coucher.

Il est cinq heures
Paris se lève
Il est cinq heures
Je n'ai pas sommeil.

(Jacques Lanzmann)

Der Eiffelturm vor Kälte bebt
Die Plac' de Gaulle ist schon belebt
Der Obelisk zum Himmel strebt
Im Osten fahl der Tag sich hebt.

Es ist fünf Uhr
...

Die Zeitungen sind schon gedruckt
Kein Arbeiter hat aufgemuckt
Jeder steht auf schlapp und geduckt
Zur Zeit da mich das Bett verschluckt.

Es ist fünf Uhr
Paris steht auf
Es ist fünf Uhr
Ich bin hellwach.

(Riek Walther)

Vom Bois de Boulogne zur Place de la Bastille

Maurice Rozenker: Place des Vosges

Au Bois de Boulogne

Au Bois de Boulogne, en ce beau dimanche,
L'amour fleurissait dans chaque buisson …
Y'avait de l'azur à travers les branches,
Et puis du soleil … aussi des chansons …

Au Bois de Boulogne, y'avait beaucoup d'monde.
Des couples s'aimaient sous la frondaison …
Cheveux bruns mêlés à des mèches blondes …
Et tous ces regards qui en disaient long …

Au Bois de Boulogne, on fêtait dimanche.
Ça faisait partout des bruits de baisers.
Il en est ainsi quand les cœurs s'épanchent,
Au Bois de Boulogne où vont se griser
Tous ces gens heureux que l'amour enivre …

Au Bois de Boulogne, il faisait bon vivre
Dans les chemins creux, sous les vieux tilleuls …

Et moi, j'suis parti parc'que j'étais seul …

(Guy Auguez)

Im Bois de Boulogne

Im Bois de Boulogne – der Sonntag war schön –
Fand Liebe in jedem Gebüsche sich wieder ...
Die Zweige, sie ließen das Himmelsblau sehn,
Und Sonne war da ... und sehr viele Lieder ...

Im Bois de Boulogne die Leute sich drängten,
Das Laub barg die Paare, die liebend dort lagen ...
Hellblonde Locken mit braunen sich mengten ...
Und all jene Blicke, die vielerlei sagen ...

Im Bois de Boulogne war Feiern und Tollen,
Und überall habe ich Küsse belauscht,
So ist's wohl, wenn Herzen verströmen sich wollen
Im Bois de Boulogne; dort gehen berauscht
Die Glücklichen hin, wenn vor Liebe sie beben ...

Im Bois de Boulogne, da ließ sich's gut leben,
Wie wohl tat's, im Schatten der Linden zu sein ...

Doch ich, ich ging fort, denn ich war allein ...

(Mona Wodsak)

A l'Arc de Triomphe de l'Etoile

Non deficit alter.
Virgile

I

La France a des palais, des tombeaux, des portiques,
De vieux châteaux tout pleins de bannières antiques,
Heroïques joyaux conquis dans les dangers;
Sa pieuse valeur, prodigue en fiers exemples,
 Pour parer ces superbes temples,
 Dépouille les camps étrangers.

On voit dans ses cités, de monuments peuplées,
Rome et ses dieux, Memphis et ses noirs mausolées;
Le lion de Venise en leurs murs a dormi;
Et quand, pour embellir nos vastes Babylones,
 Le bronze manque à ses colonnes,
 Elle en demande à l'ennemi!

Lorsque luit aux combats son armure enflammée,
Son oriflamme auguste et de lys parsemée
Chasse les escadrons ainsi que des troupeaux;
Puis elle offre aux vaincus des dons après les guerres,
 Et, comme des hochets vulgaires,
 Y mêle leurs propres drapeaux.

Auf den Triumphbogen der Etoile

Non deficit alter.
Vergil

I

Frankreich hat Gräber, Hallen, Prachtpaläste,
Eisgraue Schlösser, alte Fahnenreste,
– Heroenschmuck, errungen durch Gefahr;
Sein hoher Mut voll herrlicher Exempel,
Holt, um zu zieren seine stolzen Tempel,
Prachtstücke mitten aus der Feindesschar.

In seinen denkmalreichen Städten stehen
Roms Götter, Memphis schwarze Mausoleen,
Venedigs Leu hat schon in ihm geruht;
Und fehlt ihm Erz, die neuen Säulenriesen
Für sein unendlich Babylon zu gießen,
So nimmt's Metall vom Feinde als Tribut!

Wenn es zum Kampf in blanker Rüstung gehet
Und ihm voran die Oriflamme wehet,
Die lilienvolle, mit dem Feuerschein:
So scheucht es Heere ähnlich einer Herde;
Doch den Besiegten schenkt's, wie Steckenpferde,
Die abgenomm'nen Fahnen hintendrein.

II

Arc triomphal! la foudre, en terrassant ton maître,
Semblait avoir frappé ton front encore à naître.
Par nos exploits nouveaux te voilà relevé!
Car on n'a pas voulu, dans notre illustre armée,
        Qu'il fût de notre renommée
        Un monument inachevé!

Dis aux siècles le nom de leur chef magnanime.
Qu'on lise sur ton front que nul laurier sublime
A des glaives français ne peut se dérober.
Lève-toi jusqu'aux cieux, portique de victoire!
        Que le géant de notre gloire
        Puisse passer sans se courber!

Novembre 1823 (Victor Hugo)

II

Siegbogen du! dein Scheitel schien verwettert,
Noch eh' er ward, als deinen Herrn zerschmettert
Der Donnerkeil. Jetzt stehst du groß und hehr,
Von unserm neuen Tatenschwung gehoben!
Denn auch nicht *ein* Ruhmdenkmal will verschoben
Und unvollendet leiden unser Heer!

Des Heldenführers Namen sag den Zeiten!
Und deiner Stirne Inschrift soll bedeuten:
Kein Lorbeer sei dem Frankenschwert zu hoch.
Zum Himmel hebe dich, Triumphesbogen!
Daß unser Ruhm, wenn er nun kommt gezogen,
Nicht bücken muß den Riesennacken noch!

November 1823 (Heinrich Elsner)

Tuileries de mes peines

Tuileries de mes peines
Tuileries de mes soucis
Morte est la Seine
Mort est Paris

Un meussieu promène
dame fort jolie
Morte est la Seine
Mort est Paris

La Concorde est lointaine
et ses hiéroglyphies
Morte est la Seine
Mort est Paris

Plus loin le Pont d'Iéna ne mène
nulle part C'est fini
Morte est la Seine
Mort est Paris

Qu'elle me retienne
que je dise amie
Morte est la Seine
Mort est Paris

Mais ce sont des haines
des jeux des oublis
Morte est la Seine
Mort est Paris

Mon amour ma peine
il leur faut mouri'
Morte est la Seine
Mort est Paris

(Raymond Queneau)

Tuilerien meiner Qual

Tuilerien meiner Sorgen
Tuilerien meiner Qual
Und die Seine ist gestorben
Und Paris das war einmal

Hübsches Dämchen keck umworben
Trifft aus Herren schnell die Wahl
Und die Seine ist gestorben
Und Paris das war einmal

Die Concorde ist fern geworden
Ihre Hieroglyphung fahl
Und die Seine ist gestorben
Und Paris das war einmal

Alles schal nun und verdorben
Pont d'Iéna wirkt irreal
Und die Seine ist gestorben
Und Paris das war einmal

Bei dir wünscht' ich mich geborgen
Du nur bleibst mein Ideal
Und die Seine ist gestorben
Und Paris das war einmal

Heut hass' ich dich so wie morgen
Spiel' Vergessen Mal um Mal
Und die Seine ist gestorben
Und Paris das war einmal

Meine Liebe und mein Sorgen
Muß vergehen wie die Qual
Und die Seine ist gestorben
Und Paris das war einmal

(Mona Wodsak)

Fantaisie d'hiver

Dans le bassin des Tuileries,
Le cygne s'est pris en nageant,
Et les arbres, comme aux féeries,
Sont en filigrane d'argent.

Les vases ont des fleurs de givre,
Sous la charmille aux blancs réseaux;
Et sur la neige on voit se suivre
Les pas étoilés des oiseaux.

Au piédestal où, court-vêtue,
Vénus coudoyait Phocion,
L'Hiver a posé pour statue
La Frileuse de Clodion.

(Théophile Gautier)

Winterfantasie

Von Eis umschlossen ruht der Schwan
Im Tuilerien-Wasserbecken.
Die Bäume, wie in Feenmärchen, strecken
Jetzt Silberzweige aus, so zart wie Filigran.

Mit Rauhreifblumen alle Vasen stehn,
Weiß leuchtet das Geäst der Lauben;
Im Schnee sind Sternbilder zu sehn:
Fußspuren von den Spatzen und den Tauben.

Und auf dem Sockel, wo dereinst die Königin
Der Schönheit, leicht geschürzt, stand nah bei Phokion,
Da stellte nun der Winter als sein Sinnbild hin
Die Frierende von Clodion.

(Mona Wodsak)

A la Colonne

Plusieurs pétitionnaires demandent que la Chambre intervienne pour faire transporter les cendres de Napoléon sous la colonne de la place Vendôme.

Apres une courte délibération, la Chambre passe à l'ordre du jour.

(CHAMBRE DES DÉPUTÉS. – *Séance du 7 oktobre 1830.*)

Oh! quand il bâtissait, de sa main colossale,
Pour son trône, appuyé sur l'Europe vassale,
Ce pilier souverain,
Ce bronze, devant qui tout n'est que poudre et sable,
Sublime monument, deux fois impérissable,
Fait de gloire et d'airain;

Quand il le bâtissait, pour qu'un jour dans la ville
Ou la guerre étrangère ou la guerre civile
Y brisassent leur char,
Et pour qu'il fît pâlir sur nos places publiques
Les frêles héritiers de vos noms magnifiques,
Alexandre et César!

C'était un beau spectacle! – Il parcourait la terre
Avec ses vétérans, nation militaire
Dont il savait les noms;
Les rois fuyaient; les rois n'etaient point de sa taille;
Et, vainqueur, il allait par les champs de bataille
Glanant tous leurs canons.

Et puis, il revenait avec la grande armée,
Encombrant de butin sa France bien-aimée,
Son Louvre de granit,
Et les Parisiens poussaient des cris de joie,
Comme font les aiglons, alors qu'avec sa proie
L'aigle rentre à son nid!

An die Vendôme-Säule

Mehrere Antragsteller reichten das Gesuch ein, die Nationalversammlung möge beschließen, daß die Asche Napoleons unter die Säule auf dem Vendôme-Platz gebracht werde.

Nach kurzer Beratung ging die Versammlung zur Tagesordnung über.

(NATIONALVERSAMMLUNG. – *Sitzung vom 7. Oktober 1830.*)

Oh, da mit starker Hand die Säule er erbaute
Zu seinem Kaiserthron, auf den Europa schaute
Demütig, als er es besiegt,
Erhab'nes Monument, das zwiefach unvergänglich,
– Vor welchem jeglich Ding ist klein und unzulänglich –
Aus Erz und Ruhm gefügt!

Als er sie auferbaut, daß sich daran zerschlügen
– Sei's im Erobrungskrieg, sei's in den Bürgerkriegen –
Der Heere mächt'ge Schar,
Auf unserm Marktplatz sich entsetzt darob entfärbten,
Die eures Namens Glanz als schwache Erben erbten,
Alexander und Cäsar!

Welch prächt'ge Schau das war! – Die Welt er übermannte
Mit Haudegen, die er beim Namen kannte,
Ein kriegerisch Geschlecht;
Die Kön'ge waren nicht aus seinem Stoff geschaffen;
Durch Schlachtgefilde zog, Kanonen aufzuraffen,
Er stolz nach dem Gefecht.

Dann kam er wieder heim mit seinem großen Heere,
Voll Beute und voll Ruhm zu seines Frankreich Ehre,
Zum Louvre, grau und fest;
Und die Pariser schrien, zu Schuß und Glockenklängen,
Wie es die Jungen tun, wenn mit den vollen Fängen
Der Adler kehrt zum Nest!

Et lui, poussant du pied tout ce métal sonore,
Il courait à la cuve où bouillonnait encore
Le monument promis.
Le moule en était fait d'une de ses pensées.
Dans la fournaise ardente il jetait à brassées
Les canons ennemis!

Puis il s'en revenait gagner quelque bataille.
Il dépouillait encore à travers la mitraille
Maints affûts dispersés;
Et, rapportant ce bronze à la Rome française,
Il disait aux fondeurs penchés sur la fournaise:
– En avez-vous assez?

C'était son œuvre à lui! – Les feux du polygone,
Et la bombe, et le sabre, et l'or de la dragonne
Furent ses premiers jeux.
Général, pour hochets il prit les Pyramides;
Empereur, il voulut, dans ses vœux moins timides,
Quelque chose de mieux.

Il fit cette colonne! – Avec sa main romaine
Il tordit et mêla dans l'œuvre surhumaine
Tout un siècle fameux,
Les Alpes se courbant sous sa marche tonnante,
Le Nil, le Rhin, le Tibre, Austerlitz rayonnante,
Eylau froid et brumeux!

Car c'est lui qui, pareil à l'antique Encelade,
Du trône universel essaya l'escalade,
Qui vingt ans entassa,
Remuant terre et cieux avec une parole,
Wagram sur Marengo, Champaubert sur Arcole,
Pélion sur Ossa!

Oh! quand par un beau jour, sur la place Vendôme,
Homme dont tout un peuple adorait le fantôme,

Das klingende Metall stieß er mit seinem Fuße,
Eilt' zum Schmelzofen hin, drin glühendheiß zum Gusse
Das künft'ge Monument;
Aus seinem Denken ward die Form dazu gegossen;
Das Feuer füttert' er mit feindlichen Geschossen,
Das in der Esse brennt!

Dann zog er wieder aus, gewann sich neue Schlachten,
Aus denen hier, ob Kugeln ihn umkrachten,
Er die Kanonen trug,
Das neugewonnene Erz nach Frankreichs Rom er führte,
Und den Arbeiter frug, der heiß das Feuer schürte,
Hast du denn jetzt genug?

Ihm war dies Werk bestimmt! – Dumpfes Kanonenfeuer,
Granate, Säbel, Wehrgehenk und Kriegesabenteuer
War'n seine erste Lust;
Als General nahm er zum Spielzeug Pyramiden,
Als Kaiser wollte er was Besseres hienieden
In seiner Heldenbrust.

Da schuf die Säule er. – Mit seiner Hände Stärke
Ballt' er ein Säkulum zu dem Gigantenwerke
Und das Jahrhundert litt's;
Die Alpen, welche dumpf vor seinem Tritt erschallten,
Nil, Rhein, Eylau, um das sich kalte Nebel ballten,
Strahlendes Austerlitz!

Denn er erstürmt', Enkelados der Fabel,
– Berge auf Berg' er türmt, dem Turme gleich zu Babel –
Des Weltenherrschers Thron,
Bewegt mit einem Wort die Welt von Pol zu Pole,
Häuft Wagram, Marengo, Champaubert und Arcole
Auf Ossa, Pelion!

Oh, als du eines Tags zu dem Vendômeplatze
– Du, den ein ganzes Volk bewahrt gleich einem Schatze –

Tu vins grave et serein,
Et que tu découvris ton œuvre magnifique,
Tranquille, et contenant d'un geste pacifique
Tes quatre aigles d'airain;

A cette heure où les tiens t'entouraient par cent mille;
Où, comme se pressaient autour de Paul-Émile
Tous les petits romains,
Nous, enfants de six ans, rangés sur ton passage,
Cherchant dans ton cortège un père au fier visage,
Nous te battions des mains;

Oh! qui t'eût dit alors, à ce faîte sublime,
Tandis que tu rêvais sur le trophée opime
Un avenir si beau,
Qu'un jour à cet affront il te faudrait descendre
Que trois cents avocats oseraient à ta cendre
Chicaner ce tombeau!

(Victor Hugo)

Voll heitern Ernstes kamst,
Und als du ruhig dort dein herrlich' Werk entdecktest,
Mit friedlicher Gebärd' die Siegerhand ausstrecktest,
Und die vier Adler nahmst;

Als hunderttausend sich hindrängten nach den Toren,
So wie die Römer einst umdrängten die Prätoren,
Siegreich im Feindesland,
Als, kleine Jungen, wir am Wege alle standen,
Des Vaters stolz' Gesicht in dem Gefolge fanden,
Froh klatschten in die Hand;

Wer hätt' dir da gesagt auf jener stolzen Höhe,
Indes du träumtest lang von dieser Siegstrophäe
Die schönste Zukunft dir,
Daß deiner Würde du dich müßtest so entraten,
Daß dir den Ort zum Grab dreihundert Advokaten
Abstreiten würden hier!

(Nach F. W. Dralle)

Couplets de la rue Saint-Martin

Je n'aime plus la rue Saint-Martin
Depuis qu'André Platard l'a quittée.
Je n'aime plus la rue Saint-Martin,
Je n'aime rien, pas même le vin.

Je n'aime plus la rue Saint-Martin
Depuis qu'André Platard l'a quittée.
C'est mon ami, c'est mon copain.
Nous partagions la chambre et le pain.
Je n'aime plus la rue Saint-Martin.

C'est mon ami, c'est mon copain.
Il a disparu un matin,
Ils l'ont emmené, on ne sait plus rien.
On ne l'a plus revu dans la rue Saint-Martin.

Pas la peine d'implorer les saints,
Saints Merri, Jacques, Gervais et Martin,
Pas même Valérien qui se cache sur la colline.
Le temps passe, on ne sait rien.
André Platard a quitté la rue Saint-Martin.

(Robert Desnos)

Lied von der Rue Saint-Martin

Die Rue Saint-Martin, die sagt mir nichts mehr,
Denn André Platard läßt dort uns allein.
Die Rue Saint-Martin, die mag ich nicht mehr,
Gar nichts mag ich mehr, noch nicht mal den Wein.

Die Rue Saint-Martin, die sagt mir nichts mehr,
Denn André Platard läßt dort uns allein.
Er ist mein Kumpel, Freund, Kam'rad.
Wir teilten Brot und Lagerstatt.
Die Rue Saint-Martin, die sagt mir nichts mehr.

Er ist mein Kumpel, Freund, Kam'rad.
Ich weiß nur, daß man ihn abgeholt hat
Beim Morgengrauen, im Handumdrehn.
In der Rue Saint-Martin ward er nie mehr gesehn.

Es lohnt nicht, Heil'ge anzuflehn,
Sankt Jakob, Merri, auch Gervasius nicht.
Valerian sogar verbirgt längst sein Gesicht.
Von Platard weiß man nichts, die Tage vergehn,
Die Rue Saint-Martin hat er nie mehr gesehn.

(Mona Wodsak)

Dans la rue des Blancs-Manteaux

Dans la rue des Blancs-Manteaux
Ils ont élevé des tréteaux
Et mis du son dans un seau
Et c'était un échafaud
Dans la rue des Blancs-Manteaux

Dans la rue des Blancs-Manteaux
Le bourreau s'est levé tôt
C'est qu'il avait du boulot
Faut qu'il coupe des généraux
Des évêques, des amiraux
Dans la rue des Blancs-Manteaux

Dans la rue des Blancs-Manteaux
Sont venues des dames comme il faut
Avec de beaux affutiaux
Mais la tête leur f'sait défaut
Elle avait roulé d'son haut
La tête avec le chapeau
Dans l'ruisseau des Blancs-Manteaux.

(Jean-Paul Sartre)

In der Rue des Blancs-Manteaux

In der Dominikanergass'
richt' man's Gerüst zum großen Spaß,
füllt mit Kleie ein kleines Faß,
ein Schafott, ei, scheint mir das
in der Dominikanergass'.

In der Dominikanergass'
Henker rasch sein Frühstück aß,
Kundschaft kriegt er heut en masse:
Exzellenzen nimmt er Maß,
Eminenz beißt auch ins Gras
in der Dominikanergass'.

In der Dominikanergass'
schöne Damen gehn fürbaß
fein in Seide und Atlas,
doch vom Hals ab fehlt etwas:
Köpfchen fiel ins Kleiefaß,
Hütchen wird im Rinnstein naß,
in der Goss' der Dominikanergass'.

(Harry Kahn)

Musée Carnavalet

Robe sans corps, robe sans jambes,
Robe sans un bouton qui manque
Quel émoi dans la gorge absente.
Comme il bat vite,
Ce cœur qui n'est qu'un souvenir!

Proche l'oreille du corsage,
Comme le médecin des morts,
Vais-je pouvoir entendre encor
Le sang et son clair équipage?

Le torse de soie est bombé,
C'est une plage grise et rose,
Mais comme les manches sont plates.
Cherchez le fer à repasser,
Cherchez le doux ventre et la rate.

Trouvez, si vous pouvez, la tête
De cette dame sans amant:
Un peu d'air de dix-sept cent sept
Et pas plus gros qu'un poing d'enfant.

(Jules Supervielle)

Musée Carnavalet

Kleid ohne Leib, Kleid ohne Beine,
Doch von den Knöpfen fehlt nicht einer.
Was hebt die Brust, die man vermißt?
Wie heftig klopft
Dies Herz, das nur Erinnrung ist!

Das Ohr geneigt dicht an ihr Mieder.
Als wie der Toten Arzt,
Tönt mir noch einmal wieder
Das Blut und seine helle Fahrt?

Des Busens Seide wölbig straff
Ist ein grauer und rosener Strand,
Aber die Ärmel hängen schlaff.
Sucht doch das Bügeleisen,
Sucht doch die Milz und Eingeweide.

Findet doch, wenn ihr könnt, das Haupt
Dieser Dame ohne Geliebten:
Ein wenig Luft von siebzehnhundertsieben
Und kaum so groß wie eine Kinderfaust.

(Friedhelm Kemp)

Place des Vosges

Avec son air vieillot, son charme suranné,
Elle semble en Paris quelque noble marquise
Qui, sous ses bandeaux blancs, voilés de mignardise
Revivrait le passé dans son regard fané.

Elle est, dans la grand'ville, un cloître abandonné
Où le silence attend sous les arcades grises
Les hommes las du bruit et les âmes éprises
Du récit captivant que l'Histoire a glané.

Devant les pavillons de style Renaissance
Où la brique et la pierre alternent d'élégance,
On évoque Sully, Richelieu, Bossuet,

Delorme, Sévigné, que la gloire ensoleille
Place fière et tranquille au jardin désuet,
En tes murs patinés, le Grand Siècle sommeille.

(Renée Mauger-Kauffmann)

Place des Vosges

Altmodisch wirkt sie, und ihr Charme ein wenig abgenutzt,
Doch steht sie, einer Gräfin gleich, noch hoheitsvoll und fest,
Mit Schleiern zart verhüllt, mit Bändern hell geputzt;
Ihr müdgeword'ner Blick das Einst erstehen läßt.

Verlass'ner Kreuzgang ist sie, von der Weltstadt unberührt,
Wo unter den Arkaden nur die Stille wartet und berauscht
Die Menschen, müd des Lärms, die Seele hier erspürt
Erzählungen voll Spannung, der Geschichte abgelauscht.

Von Herrschaftshäusern in dem Stil der Renaissance
Sieht man Fassaden, rot und weiß, in strenger Eleganz;
Dann denkt man Richelieu, Sully und Bossuet sich her,

Delorme und Sévigné, berühmt, brillant, voll Heiterkeit;
Du stolze, stille Stätte, deren Garten lang schon leer,
In deinen alten Mauern schlummert Frankreichs Blütezeit.

(Mona Wodsak)

A la Bastille

Son papa s'appelle Abraham,
Il est l'enfant du macadam,
Tout comm' sa môme en est la fille,
        A la Bastille.

A quinze ans a s'app'lait Nini,
All' 'tait grosse et grass' comme un I,
A f'sait des travaux à l'aiguille,
        A la Bastille.

Quand alle eût seize ans révolus,
A s'app'lait . . . je n'me l'rappell' pus,
A s'prom'nait autour de la grille,
        A la Bastille.

On la rencontrait tous les soirs,
Parfois l'éclat d'ses grands yeux noirs
Faisait pâlir la lun' qui brille,
        A la Bastille.

Maint'nant a sert dan' eun' maison
Où qu'on boit d'la bière à foison,
Et du champagne qui pétille,
        A la Bastille.

Ses tables sont un rendez-vous:
Les jeunes, les vieux y vont tous,
I' faut voir comme a' les étrille,
        A la Bastille.

Mais si ses clients sont nombreux,
I' paraît qu'i's sont tous heureux:
Alle est si bonne et si gentille,
        A la Bastille.

An der Bastille

Ihr Papa nennt sich Abraham,
Zur Welt er auf der Straße kam,
Auch seine Tochter lebt durch sie
An der Bastille.

Mit fünfzehn hieß man sie Nini,
War dick und rundlich wie ein I,
Und fremde Taschen leerte sie
An der Bastille.

Und als sie sechzehn, bitte sehr,
Rief man sie . . . ach, ich weiß nicht mehr.
Sie stand am Gitter vis à vis
An der Bastille.

Bald traf man sie dort Nacht für Nacht,
Sah ihrer schwarzen Augen Pracht.
So strahlte selbst der Mond noch nie
An der Bastille.

Heut kellnert sie in einem Haus
Und schenkt das Bier in Strömen aus,
Auch der Champagner fließt wie nie
An der Bastille.

Wo sie serviert, ob Bier, ob Wein,
Eilt jung und alt zum Stelldichein.
Keine bescheißt dabei wie sie
An der Bastille.

Obwohl sie viele Kunden hat,
Wird jeder bei ihr froh und satt,
So flott bediente man noch nie
An der Bastille.

Pour eun' thune a' r'tir' son chapeau,
Pour deux thun' a' r'tir' son manteau,
Pour un signe on la déshabille,
A la Bastille.

Alle a pas encore eu d'amant,
Alle a qu'son père et sa maman,
C'est ell' qui soutient sa famille,
A la Bastille.

Son papa s'appelle Abraham,
Il est l'enfant du macadam,
Tout comm' sa môme en est la fille,
A la Bastille.

(Aristide Bruant)

Für einen Sou lüpft sie den Hut,
Für zwei den Mantel, und zwar gut,
Für zehne läßt sie dich ans Knie
An der Bastille.

Bisher hat sie noch keinen Mann
Und schafft nur für die Eltern an
Und unterstützt sie spät und früh
An der Bastille.

Ihr Papa nennt sich Abraham,
Zur Welt er auf der Straße kam,
Auch seine Tochter lebt durch sie
An der Bastille.

(Heinz Kahlau)

Vom Boulevard zum Montmartre

Eugène Véder: Moulin de la Galette

La Chapelle

Boulevard de la Chapelle:
Mauvais garçons et catins,
Des cafés en ribambelle
Pour des marchés clandestins,

Chemin de fer aux fumées
Plus noires que le chagrin;
Ame et vêture élimées,
La foule roule son train.

Où donc était la chapelle?
Aujourd'hui qui s'en souvient
Nulle cloche, nul fidèle
Le nom même ne dit rien;

Les rails de leur dure lame
Ont cisaillé le passé,
La chapelle est dans ton âme:
Laisse les passants passer.

Et sans voir ce gars vulgaire
Qui sifflote une chanson
Tu feras une prière
Pour tous les mauvais garçons.

(Elisabeth Borione)

La Chapelle

Boulevard de la Chapelle:
Das sind Dirnen und Halunken
Und Geschäfte, heimlich-schnelle,
Die man tätigt in Spelunken.

Schwarz wie Kummer, schwer, verschmutzt,
Qualm und Rauch vorüberziehn.
Kleider, Seelen abgenutzt,
Menge drängt sich, treibt dahin.

Wo einst die Kapelle stand?
Beter nicht, noch Glockenschlagen ...
Wer sie suchte, nichts mehr fand:
Namen scheinen nichts zu sagen.

Alte Zeit ward roh zerfetzt,
Schienen-Schneiden nur bestehn.
In dir ist das Kirchlein jetzt:
Laß die Eilenden nur gehn.

Achtlos für den schamlos Frechen
– Schrill pfeift er mit dreistem Blicke –
Leis' wirst ein Gebet du sprechen
Für Halunken, Galgenstricke.

(Mona Wodsak)

A Montmerte

Malgré que j'soye un roturier
Le dernier des fils d'un Poirier
D'la ru' Berthe,
Depuis les temps les plus anciens,
Nous habitons, moi-z-et les miens,
A Montmerte.

L'an mil huit cent soixante et dix,
Mon papa qu'adorait l'trois-six
Et la verte,
Est mort à quarante et sept ans,
C'qui fait qu'i' r'pose d'puis longtemps,
A Montmerte.

Deux ou trois ans après je fis
C'qui peut s'app'ler, pour un bon fils,
Eun' rud' perte:
Un soir, su' l'boul'vard Rochechouart,
Ma pauvr' maman se laissait choir,
A Montmerte.

Je n'fus pas très heureux depuis,
J'ai ben souvent passé mes nuits
Sans couverte,
Et ben souvent, quand j'avais faim,
J'ai pas toujours mangé du pain,
A Montmerte.

Mais on était chouette, en c'temps-là,
On n'sacrécœurait pas sur la
Butt' déserte,
E'j'faisais la cour à Nini,
Nini qui voulait fair' son nid,
A Montmerte.

Am Montmerte

Gemeiner Herkunft bin ich zwar,
Mein Vater bloß ein Säufer war
Der Rue Berthe.
Doch hausen seit 'ner Ewigkeit
Ich und die Meinen ohne Streit
Am Montmerte.

Um achtzehnhundertsiebenzig,
Da starb Papa elendiglich
Am Absinthe.
Siebenundvierzig wurde er
Und ruht im Grabe drin seither
Am Montmerte.

Schon zwei, drei Jahre später traf
Mich, seinen Sohn, der stets so brav,
Neue Härte.
Denn eines Tags um Abend rum
Fiel meine arme Mutter um
Am Montmerte.

Seitdem hab ich kein Glück gemacht,
Und ich verbrachte manche Nacht
In der Kälte.
Auch Hunger hatte ich, ganz klar,
Weil nicht mal Brot zu finden war
Am Montmerte.

Manieren hatte man und Schick
Als Sacré-Cœur noch nicht den Blick
Uns versperrte.
Damals umwarb ich die Nini,
Nini, denn nisten wollte die
Am Montmerte.

Un soir d'automne, à c'qu'i' paraît,
Pendant qu'la vieill' butte r'tirait
Sa rob' verte,
Nous nous épousions, dans les foins,
Sans mair', sans noce et sans témoins,
A Montmerte.

Depuis nous avons des marmots:
Des p'tit's jumell's, des p'tits jumeaux
Qui f'ront, certe,
Des p'tits Poirier qui grandiront,
Qui produiront et qui mourront,
A Montmerte.

Malgré que j'soye un roturier,
Le dernier des fils d'un Poirier
D'la ru' Berthe,
Depuis les temps les plus anciens,
Nous habitons, moi-z-et les miens,
A Montmerte.

(Aristide Bruant)

Im Herbste war es sicherlich,
Als auf dem alten Hügel ich
          Sie begehrte.
Da haben wir im Heubett hier
Geheiratet ohne Papier
          Am Montmerte.

Den Knirpsen war das ganz egal,
Es kamen zwei gleich auf einmal
          Als Offerte.
Sie brechen sicher nicht den Brauch,
Sie leben, zeugen, sterben auch
          Am Montmerte.

Gemeiner Herkunft bin ich zwar,
Mein Vater bloß ein Säufer war
          Der Rue Berthe.
Doch hausen seit 'ner Ewigkeit
Ich und die Meinen ohne Streit
          Am Montmerte.

(Heinz Kahlau)

Fête de Montmartre

Ne vous balancez pas si fort,
Le ciel est à tout le monde;
Marin d'eau douce, la nuit profonde
Se moque de vos ancres d'or,
Et boit, debout, en silence,
Comme du papier buvard,
Votre dos bleu, qui encense,
Puissamment le boulevard.

(Jean Cocteau)

Montmartre-Fest

Wieg' dich nicht schlingernd, bewege dich sacht,
Der Himmel doch allen, nicht dir nur gehört;
Du Süßwasserschiffer, die tiefdunkle Nacht
Das Gold deiner Anker bloß spöttisch verlacht;
Bewegungslos, schweigend, steht sie ungestört
Und trinkt wie ein Löschpapier, das dich umhüllt,
Das Blau deines Rückens, das würzig mit Macht
Den Boulevard mit seinem Wohlgeruch füllt.

(Mona Wodsak)

Place du Tertre

– Et moi, je pensais à Montmartre.

Tu te rappelles ce printemps
Qui était si beau, l'autre année?
Ces crépuscules longs et tendres
Comme le cri d'un train au nord?

Tu sais, quand nous allions dîner
Sous les arbres, place du Tertre?
Des jeux d'enfants, des cris d'enfants
Etaient le monde autour de nous.

Alors il suffisait d'entendre
Une voix au bout de la place;
Il suffisait même de voir
Une branche plus haut qu'un mur,

Pour se dire que le bonheur
Venait de passer quelque part,
Et qu'en se dépêchant, peut-être
On le rattraperait encore.

(Jules Romains)

Place du Tertre

. . . Und ich – ich dachte an Montmartre.

Erinnerst du dich noch an letztes Jahr,
An jenen Frühling, der so traumhaft schön?
Und an die Dämmerungen, lang und zart,
Wie Pfeifen eines Zugs von Norden her?

Und weißt du, wie wir abends aßen,
Am Tertre-Platz dort unter Bäumen?
Nur Kinderspiele, Kinderlärm,
Das war die ganze Welt um uns.

Es reichte da für uns bereits
Zu hören fernen Stimmenklang;
Es reichte schon, den Zweig zu sehn,
Der eine Mauer überragt,

Um sich zu sagen, daß das Glück
Grad irgendwo vorüberging,
Und daß vielleicht, wenn man sich eilt,
Es einzuholen noch gelingt.

(Mona Wodsak)

Sous un voile de givre ...

à André Fau

Montmartre et ses pavés, sous un voile de givre,
S'estompent dans le ciel brumeux et vespéral
Lorsque je freine, en vain, mon fol élan de vivre
Et brise sous mes pas des nappes de cristal.

Sur la Place du Tertre, où nous flânons ensemble,
S'il suppose un instant mon cœur en désarroi,
Quand il prendra ma main et verra qu'elle tremble ...
Faites pour nous, Seigneur, qu'il pense que j'ai froid!

(Suzanne Denglos)

Vom Rauhreif-Schleier zugedeckt ...

für André Fau

Montmartre und sein Pflaster sind vom Rauhreif-Schleier zugedeckt,
Verschmelzen mit dem Horizont, der sich im Abenddunst versteckt,
Und meine wilde Lebenslust zu zügeln will mir nicht gelingen,
Ich laß mit jedem Schritt kristallnes Spitzentuch zerspringen.

Über den Tertre-Platz schlendern wir langsam dahin,
Und falls er nun erahnt, wie in Aufruhr ich bin,
Und er mich bei der Hand nimmt, ihr Zittern verspürt,
Hilf uns beiden, o Herr: laß ihn denken, mich friert!

(Mona Wodsak)

L'aube rue Saint-Vincent

Le jour doré s'accroche à l'aile
D'un moulin qui ne tourne plus
Et l'on sent bouillonner le zèle
De Paris, moi je suis perclus.

Voici, beautés d'apothéose,
Merveilles du soleil levant,
Traînés par une jument rose
Des choux bleus et des coucous blancs.

La fontaine laborieuse
Redit, inutile leçon,
Une chanson d'esclave heureuse
Au ruisseau libre et vagabond.

On ouvre et l'on ferme des portes
Et des mains lèvent des miroirs
Lourds de lumière, que m'importe
Si je suis parfumé de soir?

La lune a bu toutes mes larmes;
Partageant mon vin, des filous
M'ont laissé caresser leurs armes;
Ma nuit fut belle. Couchons-nous.

(André Salmon)

Morgenrot in der Rue Saint-Vincent

Im Flügel einer starren Mühle
Fing sich der Tag, der golden kam.
Man spürt das brodelnde Gewühle
Der Stadt, doch ich bin gliederlahm.

Ich seh die göttergleiche Pracht,
Der jungen Sonne Wundergaben,
Von einem ros'gen Pferd gebracht:
Blaufarbnen Kohl und weiße Raben.

Umsonst gibt seine Lehre wieder
Der Brunnen, der stets sprudeln muß:
Glückselig singt er Sklavenlieder
Dem freien, ungebundnen Fluß.

Man öffnet und man schließt die Türen,
Und Hände halten Spiegel hin
Voll Licht; was kann mich das berühren,
Da ich noch ganz voll Abend bin?

All meine Tränen tranken Sterne;
Mit Gaunern teilte ich den Wein.
Ich streichelt' ihre Messer gerne;
Die Nacht war schön. Schlafen wir ein.

(Cordula Kolarik)

Bonjour, Paris!

C'est toujours la même chanson,
O mon amour, que je fredonne:
Tout ce que j'ai je te le donne,
Nos cœurs battent à l'unisson.

Sur les quais, le long de la Seine,
A Montmartre, près des moulins,
Mes souvenirs entrent en scène.
Bonjour, Paris des assassins!
Bonjour, Paris des midinettes,
Des filles, des mauvais garçons,
Des bistrots et des bals-musette!
Si je te dois d'être poète,
C'est sur un air d'accordéon.

(Francis Carco)

Grüß dich, Paris!

Nie geht, geliebter Schatz, ein Lied mir aus dem Sinn,
Ich summ es häufig, und es will dir sagen:
Was ich auch hab, ich schenk dir's hin,
Im gleichen Rhythmus unsre Herzen schlagen.

Die Seinekais, die Gassen eng verschlungen
Auf dem Montmartre, wo bei Mühlen wir getrunken,
Sie sind nur Bühne für Erinnerungen ...
Grüß dich, Paris, du Stadt der Erzhalunken!
Grüß dich, Paris, Stadt derber Zeitvertreibe,
Der Dirnen, Nähermädchen, des Filou,
Der Kneipen, Walzer, Nächte ohne Bleibe!
Dir dank ich es, wenn ich Gedichte schreibe,
Und den Akkordeonklang gabst du mir mit dazu.

(Mona Wodsak)

Im Quartier Latin

Félix Thorigny: Rue de l'École-de-Médecine

Quartier Latin

Nul n'est jamais passé dans le quartier latin
sans éprouver sa tendre et magique attirance,
ce quartier de cafés, d'écoles, de jardins,
tel qu'il n'en est pas d'autre à Paris comme en France.

Les murs sacrés qu'aimaient Abélard et Villon
y projettent encore une aura frémissante
et les Américains fleurant le tabac blond,
les Soussous de Guinée à la marche dansante,

les filles de Méknès et celles de Jaipour,
les sombres Iraniens ou les claires Nordiques,
les étudiants d'Asie ou les fatous d'Afrique,
au soleil de chez eux la préfèrent toujours.

Car tout y resplendit de plaisir et d'aisance,
les livres que l'on va feuilleter sur les quais,
les maisons où luisaient autrefois les quinquets,
les promeneurs légers et les arbres qui pensent.

Près de Saint-Séverin, un son d'harmonium.
A sa fenêtre, une concierge qui s'appuie
pendant qu'à son côté, dans un aquarium
un poisson dédoré très lentement s'ennuie.

Des jeunes gens, le front concentré sur leurs livres,
aux bancs du Luxembourg chaque jour sont assis,
ou bien des amoureux entrelacés s'enivrent
de leurs baisers, à la fontaine Médicis.

Quartier Latin

Niemand von allen, die dies Viertel je durchquerten,
tat's, ohne magisch süßen Zauber zu empfinden,
solch Viertel, reich an Bistros, Hohen Schulen, Gärten,
ist ähnlich in Paris, in Frankreich nicht zu finden.

Die heil'gen Mauern, hoch in Villons und Abaelards Gunst,
schimmern noch immerfort in warmem Glanz,
Amerikaner, stets umschwebt von hellem Tabakdunst,
die Soussous aus Guinea, deren Gang beinah schon Tanz,

die Mädchen aus Meknès und die aus Orissa,
die tiefgebräunten Perser und hellhäut'gen Schweden,
Studenten auch aus Asien, Schwarze aus Afrika,
lieber in diesem Leuchten als in dem der Heimatsonne leben.

Denn alles strahlt hier vor Vergnügen, Lust und Freude:
selbst Bücher, die wir auf den Quais durchstöbern gehn,
durch karges Lampenöl dereinst erhellte Häuser und Gebäude,
Passanten, leichten Schritts, und Bäume, die versonnen stehn.

Bei Saint-Séverin klingt ein Harmonium,
am Fensterkreuz eine Concierge lehnt,
und neben ihr, gelangweilt im Aquarium,
ein braungefleckter Goldfisch trägem Nichtstun frönt.

Im Luxembourg, in Bücher tief versunken,
sieht täglich man Studenten, ganz für sich allein,
am Brunnen sitzen Paare, eng umschlungen, trunken
von ihren Küssen wie von schwerem Wein.

Ici, tout est vivant et doux, mais rien n'est morne:
les trottoirs encombrés d'une jeunesse d'or,
les ruelles sans nom aux vénérables bornes,
même le vieux Cluny où l'on sait que s'endort
dans un salon discret la Dame à la Licorne.

(André Duvignac)

Hier gibt es Leben nur und Süße, nichts ist düster oder matt:
die Bürgersteige, die von goldner Jugend überfüllt und satt,
Torsteine, altehrwürdige, in namenlosen Gassen,
und selbst Cluny, das alte, wo abseits der Menschenmassen
die Dame mit dem Einhorn wir entschlummern lassen.

(Mona Wodsak)

L'hôtel du numéro trois

J'habite près d'l'Ecole de Méd'cine
Au premier, tout comme un bourgeois,
Un' demeur' magnifiqu', divine,
A l'hôtel du numéro trois.

Il y a, pour que tous aient leurs aises,
Des lits d'fer, et des lits en bois,
Et de tout's les sort's de punaises
A l'hôtel du numéro trois.

Les draps sont grands comm' des serviettes,
Il n'y a qu'un seul modèle, je crois,
Et c'est l'chien qui lav' les assiettes,
A l'hôtel du numéro trois.

Notre potag' roul' dans ses vagues
Tant de cheveux que chaque mois
Les clients s'en font faire des bagues,
A l'hôtel du numéro trois.

On y soign' parfait'ment vot' chambre,
On la balai' mêm', quelques fois;
Et ..., ça n'sent ni l'lubin ni l'ambre,
A l'hôtel du numéro trois.

La maison s'rait des plus tranquilles
Si l'on ne jouait pas du hautbois,
Du cor et d'un tas d'ustensiles,
A l'hôtel du numéro trois.

Une grande fraternité règne.
Les clients y sont très courtois,
Et nous avons tous le même peigne,
A l'hôtel du numéro trois.

Das Hotel mit der Hausnummer acht

Ganz nah bei der Uni, da wohne auch ich,
Im Oberstock, wie's der Bourgeois gerne macht;
Man wohnt dort ganz prächtig, ja hochherrschaftlich
In meinem Hotel mit der Hausnummer acht.

Ein jeder hat's hier gemütlich, liegt froh
In Betten – aus Eisen, aus Holz gemacht –
Mit Wanzen und Läusen und mancherlei Floh
In meinem Hotel mit der Hausnummer acht.

Die Laken wie'n Handtuch, sind fast nicht zu sehn ...
Der Abwasch, der wird von den Hunden gemacht:
Sie lecken die Teller blitzsauber und schön
In meinem Hotel mit der Hausnummer acht.

Aus unserer Suppe, es ist nicht gelogen,
Wird wöchentlich eine Perücke gemacht:
So zahllose Haare rolln in ihren Wogen
In meinem Hotel mit der Hausnummer acht.

Zur Raumpflege kann man was Schlechtes nicht sagen:
In jedem Jahr einmal wird sauber gemacht.
Der Duft ist entsprechend – doch wer wird denn klagen
In meinem Hotel mit der Hausnummer acht.

Das Haus ist tatsächlich fast ruhig zu nennen:
Das Waldhorngeblase dröhnt eigentlich sacht,
Oboe und andres ist auch zu erkennen
In meinem Hotel mit der Hausnummer acht.

In inniger Eintracht wir alle hier leben.
Wir schätzen einander, es ist eine Pracht:
Der Kamm wird von einem zum andern gegeben
In meinem Hotel mit der Hausnummer acht.

La bonne, n'est pas un' très bell' fille,
Mais, nous n'tenons pas au minois.
On lui fait la cour en famille,
A l'hôtel du numéro trois.

Comm' c'est pas d'l'or que not' bourse enferme
Et qu' nous sommes souvent aux abois,
Y a plus personne la veill' du terme,
A l'hôtel du numéro trois.

(Léon Xanrof)

Die Aufwartefrau ist nicht grad appetitlich,
Doch schern wir uns nicht drum, ob Schönheit uns lacht,
Wir lieben sie reihum, verträglich und friedlich,
In meinem Hotel mit der Hausnummer acht.

Naht Ultimo aber, sieht keinen man mehr,
Ein jeder sich dann aus dem Staube schnell macht:
Die Taschen der Mieter sind hoffnungslos leer
In meinem Hotel mit der Hausnummer acht.

(Mona Wodsak)

Place Furstemberg

Salut à toi, noble prélat,
Qui donnas ton nom à la place
Couverte, en forme de rosace,
D'un feuillage de catalpa!

Le vent du Nord les inclina
Et les tordit vers chaque face,
Ces branches, sortant avec grâce
Des troncs qu'un amoureux planta.

Les murs chargés d'ans et d'histoire,
Portant, des arbres, l'ombre noire,
Font comme un Temple du Secret.

Le lampadaire aux quatre lobes,
Pour le couple qui se serrait,
Baissa la lueur de ses globes.

(Marcel Poudade)

Place Furstemberg

Prälat, du bleibst uns unvergessen:
Dein Name wurde zum Geschenk gemacht
Dem Platz, rosettenähnlich überdacht
Von Kaiserbäumen, die den Raum bemessen.

Sie beugten sich, wenn wild der Wind getanzt,
Und spröde, langsam nur sich drehen ließen
Die Äste, die so anmutsvoll entsprießen
Den Stämmen, die ein Liebender gepflanzt.

Geschichte lastet auf den Mauern, schwer von Jahren,
Die tempelgleich tiefstes Geheimnis wahren
Und alter Bäume dunkle Schatten tragen.

Ein Kandelaber steht dort schlicht,
Der sachte dämpfte seiner Lampen Licht
Für jene zwei, die stumm sich in den Armen lagen.

(Mona Wodsak)

Place Saint-Sulpice

A Paris
place Saint-Sulpice
les pigeons jouent avec le large
il y a le vent de la rue Bonaparte
l'odeur de la Seine comme un chant d'océan
des arbres qui flirtent avec le vent
au soir il est d'étranges heures
je me souviens
rien n'était plus beau à l'ombre de l'église
que la fontaine
la mairie enrubannée
le petit cinéma, je me souviens.
Il pleuvait
là-bas la Seine pleurait en songeant à la mer
sur les quais
le soir
Notre-Dame était belle comme au Moyen Age
l'eau se teintait de réverbères
et
sur la place
devant les magasins où Dieu se vend par douzaines
le 86 vert pâle déversait des amours vite enfouies.
Je t'aimais
te souviens-tu des bancs de la place
du blues qui agonisait ces soirs-là
comme un chien fou que l'on achève
bave aux lèvres
il pleurait dans un lointain sous-sol
la fin d'un amour, la fin d'un poème
c'est toujours un refrain brisé
une plaie ouverte, un enfant sans rire
l'escalier qui monte et n'en finit plus.
Pourquoi donc courir après le passé?

Place Saint-Sulpice

In Paris
Place Saint-Sulpice
spielen die Tauben mit der uferlosen Weite
aus der Rue Bonaparte weht der Wind
und der Seine-Geruch ist wie Meeresgesang
die Bäume kokettieren mit dem Wind
des abends gibt es wundersame Stunden
ich denk zurück
nichts war schöner im Schatten der Kirche
als die Fontäne
das Rathaus mit den Trikolorebändern
das kleine Kino, ich denk zurück.
Der Regen fiel
die Seine weiter unten sehnte sich ans Meer verströmte ihre Tränen
auf den Kais
am Abend
schön wie im Mittelalter ragte Notre-Dame
das Wasser färbte hell sich mit Laternenglanz
und
auf dem Platz
vor all den Läden wo man Gott zu Dutzenden verkauft
ergoß aus blassem Grün der 86er geschwind enteilte Liebende.
Ich liebte dich
denkst du zurück noch an die Bänke auf dem Platz
die Blues-Musik die jene Abende erstarb
wie einem tollen Hund den man erschlägt
der Schaum noch aus den Lefzen tropft
ein Weinen fern aus einer Kellerwohnung
das Ende einer Liebe, Ende eines Gedichts
ist immer wie ein Kehrreim den man unterbrochen
eine offene Wunde, ein Kind ohne Lachen
eine zu steile Treppe die niemals mehr endet.
Was bringt es also noch, so herzulaufen hinter der Vergangenheit?

Il a disparu un soir sur la place
c'était peut-être un mot crayonné
le livre porno au bas du vieux kiosque
un refrain jamais continué
peut-être toi
peut-être moi
à Paris
place Saint-Sulpice
les pigeons voient tellement de choses.

(Franck Venaille)

Verschwunden ist sie eines Abends auf dem Platz
vielleicht war sie ein flüchtig hingeschriebnes Kreidewort
ein Pornoheft ganz unten im verwitterten Kiosk
ein Kehrreim den man nie zu Ende sang
vielleicht du
vielleicht ich
in Paris
Place Saint-Sulpice
die Tauben sehen so unendlich viele Dinge.

(Mona Wodsak)

Une allée du Luxembourg

Elle a passé, la jeune fille
Vive et preste comme un oiseau:
A la main une fleur qui brille,
A la bouche un refrain nouveau.

C'est peut-être la seule au monde
Dont le cœur au mien répondrait,
Qui venant dans ma nuit profonde
D'un seul regard l'éclaircirait!

Mais non, – ma jeunesse est finie ...
Adieu, doux rayon qui m'as lui, –
Parfum, jeune fille, harmonie ...
Le bonheur passait, – il a fui!

(Gérard de Nerval)

Eine Allee im Luxembourg

Ein Blick – doch schon ging sie vorbei,
Ihr Schritt so leicht wie Vogelflug;
Sie sang ein frohes Lied dabei,
Ich sah die Blume, die sie trug.

Hab ich in ihr das Herz erkannt,
Das unter allen mir bestimmt?
Sind unsre Seelen so verwandt,
Daß sie die Nacht von meiner nimmt?

Doch nein – ich bin nicht jung wie sie!
Leb wohl, du Licht, das mich berührt,
Duft, Glück und Jugend, Harmonie
Hab ich zum letzten Mal gespürt.

(Monika Schmid)

Jardin du Luxembourg

Dans le jardin du Luxembourg,
Sous le regard lointain des reines,
Les enfants jouent comme toujours.

Où est Nerval, où est Verlaine,
Où est Cros rimant sa rengaine?
Sous les marronniers aux bras gourds,

On entend couler la semaine
Sans que, là-bas du haut des tours,
Paris de rien se ressouvienne.

Même s'il en doutait, Paul Fort,
Les absents ont encore tort.
Malheur à qui sort de l'arène!

Pourtant toujours on se promène,
Toujours le ciel parle d'amour
Aux pigeons tournant dans le jour.

(Maurice Carême)

Jardin du Luxembourg

Im Luxembourg-Park spielen mittendrin
Wie gestern schon, auch heute Kinder wieder,
Unterm entrückten Blick so mancher Königin.

Wo ist Nerval, Verlaine? Wo sind sie hin?
Wo ist ein Cros, wo seine oft gesungnen Lieder?
Dort unter den Kastanien, die so starr verzweigt,

Hör ich die Woche sacht verfließen und vergehn –
Paris, das drunten sich von Türmen neigt,
Will nichts erinnern mehr und nichts verstehn ...

Auch wenn Paul Fort hier seine Zweifel zeigt:
Bei dem, der fort ist, wird die Schuld gesucht.
Verlaß den Kampfplatz, und du bist verflucht!

Und dennoch wandert weiter man dahin,
Und auch der Himmel spricht von Liebe weiterhin
Zu all den Tauben, die im Lichte Kreise ziehn.

(Mona Wodsak)

Arènes de Lutèce

De là où nous sommes assis plus haut que les gradins
je nous vois entrer du côté de la Rue des Arènes,
hésiter, regarder en l'air, puis pesamment
venir vers nous à travers le sable sombre,
de plus en plus laids, aussi laids que les autres,
mais muets. Un petit chien vert
entre en courant du côté de la Rue Monge,
elle s'arrête, elle le suit des yeux,
il traverse l'arène, il disparaît
derrière le socle du savant Gabriel de Mortillet.
Elle se retourne, je suis parti, je gravis seul
les marches rustiques, je touche de ma main gauche
la rampe rustique, elle est en béton. Elle hésite,
fait un pas vers la sortie de la Rue Monge, puis me suit.
J'ai un frisson, c'est moi qui me rejoins,
c'est avec d'autres yeux que maintenant je regarde
le sable, les flaques d'eau sous la bruine,
une petite fille traînant derrière elle un cerceau,
un couple, qui sait des amoureux, la main dans la main,
les gradins vides, les hautes maisons, le ciel
qui nous éclaire trop tard.
Je me retourne, je suis étonné
de trouver là son triste visage.

(Samuel Beckett)

Arènes de Lutèce

Von da wo wir sitzen über den Rängen
sehe ich uns von der Rue des Arènes her eintreten,
zögern, in die Luft schauen, dann mit bleiernen Schritten
auf uns zukommen über den dunklen Sand,
immer häßlicher, ebenso häßlich wie die anderen,
aber stumm. Ein kleiner grüner Hund
kommt von der Rue Monge hereingelaufen,
sie bleibt stehen, schaut ihm nach,
er durchquert die Arena, er verschwindet
hinterm Sockel des Gelehrten Gabriel de Mortillet.
Sie dreht sich um, ich bin weg, ich erklettere allein
die holzähnlichen Stufen, die berühre mit der linken Hand
das holzähnliche Geländer, es ist aus Beton. Sie zögert,
geht einen Schritt auf den Ausgang Rue Monge zu, dann folgt sie mir.
Es überläuft mich ein Schauer ich bin's, der in mich zurückkehrt,
und mit anderen Augen betrachte ich jetzt
den Sand, die Wasserlachen unterm Staubregen,
ein kleines Mädchen, das einen Reifen hinter sich herzieht,
ein Paar, vielleicht Liebende, Hand in Hand,
die leeren Ränge, die hohen Häuser, den Himmel,
der uns zu spät leuchtet.
Ich dreh mich um, ich bin erstaunt,
da ihr trauriges Gesicht zu gewahren.

(Elmar Tophoven)

Place de la Contrescarpe

Nom de légende: Contrescarpe!
On voit un fort fait par Vauban,
Des assaillants, en saut de carpe,
Y pénétrer, l'arme à la dent . . .

Ici, point de joueur de harpe:
Une place, où le gars attend
La fille à la voyante écharpe
Et le soliste sans argent.

Aucun urbaniste sous roche:
Chaque façade se décroche
Et se colore à sa façon.

D'un café, sort de la musique . . .
Eclairés, ses murs rouges sont
L'antichambre du fantastique . . .

(Marcel Poudade)

Place de la Contrescarpe

Die Contrescarpe: Ein Name wie aus fernen Sagen!
Man sieht vor sich ein Fort Vaubans aus mächt'gem Stein,
Angreifer springen übern Festungsgraben
Die Waffe in den Zähnen, dringen ein ...

Kein Harfenist ward jemals hier gesehn:
Es ist ein Platz, wo junge Kerle lungern
Auf Mädchen, die mit grellem Schal vorübergehn;
Der Straßenmusikant scheint nahe am Verhungern.

Kein Städteplaner lauert hinter diesen Steinen,
Fassaden bröckeln langsam, unvermerkt sich frei,
Und jede färbt sich auf ganz eigne Art dabei.

Musik erschallt aus dem Bistro, die Töne steigen ...
Und, hell vom Licht, die roten Wände scheinen
Den Weg dir in ein Zauberreich zu zeigen.

(Mona Wodsak)

Entlang der Seine …

Claude Delaunay: Ile Saint-Louis

Nocturne parisien

Roule, roule ton flot indolent, morne Seine. –
Sous tes ponts qu'environne une vapeur malsaine
Bien des corps ont passé, morts, horribles, pourris,
Dont les âmes avaient pour meurtrier Paris.
Mais tu n'en traînes pas, en tes ondes glacées,
Autant que ton aspect m'inspire de pensées!

Le Tibre a sur ses bords des ruines qui font
Monter le voyageur vers un passé profond
[...].
Le Rhin est un burgrave, et c'est un troubadour
Que le Lignon, et c'est un ruffian que l'Adour.
Le Nil, au bruit plaintif de ses eaux endormies,
Berce de rêves doux le sommeil des momies.
Le grand Meschascébé, fier de ses joncs sacrés,
Charrie augustement ses îlots mordorés.
[...]

– Toi, Seine, tu n'as rien. Deux quais, et voilà tout,
Deux quais crasseux, semés de l'un à l'autre bout
D'affreux bouquins moisis et d'une foule insigne
Qui fait dans l'eau des ronds et qui pêche à la ligne.
Oui, mais quand vient le soir, raréfiant enfin
Les passants alourdis de sommeil ou de faim,
Et que le couchant met au ciel des taches rouges,
Qu'il fait bon aux rêveurs descendre de leurs bouges
Et, s'accoudant au pont de la Cité, devant
Notre-Dame, songer, cœur et cheveux au vent!
Les nuages, chassés par la brise nocturne,
Courent, cuivreux et roux, dans l'azur taciturne.
Sur la tête d'un roi du portail, le soleil,
Au moment de mourir, pose un baiser vermeil.

Pariser Notturno

Ja rolle, rolle Seine, fühllos deine Wogen,
Durch deine giftumhauchten, finstren Brückenbogen
Trieb mancher Leichnam schon entstellt, verwesend hin,
Dem längst zuvor Paris gemeuchelt Seel' und Sinn.
Doch Leichen sind noch nie so viel hinabgeschwommen
Die Eisflut, wie bei ihr mir jetzt Gedanken kommen.

Der Tiber hat Ruinen an dem hellen Strand,
Durch die den Wandrer er in ferne Zeiten bannt
[...].
Ein Burggraf ist der Rhein, ein kecker Troubadour
Ist der Lignonfluß und ein Kuppler der Adour.
Des Nilstroms Flut, flüsternd wie leiser Kummer,
Wiegt seine Mumien ein in träumesüßen Schlummer,
Und der Meschascébé, voll heilgem Schilf, benagt
Der Inseln Fels, der steil aus seinen Wassern ragt.
[...]

Du Seine, du hast nichts. Zwei Kais nur ganz allein!
Zwei Ufer-Kais, die schmierig, voll von Sudelei'n,
Von altem Bücherkram und dichtgedrängter Menge,
Die Kieselsteine wirft und angelt in der Enge.
Doch wenn es Abend wird, erblickt man ringsumher
Einzeln Passanten nur, von Schlaf, von Hunger schwer,
Die Abendsonne malt die Luft mit roten Flecken;
Nun wagt der Träumer sich aus schäbigen Verstecken,
Und auf der Brücke, unweit Notre-Dame, er sinnt,
Gedanken, Haar und Herz umspielt vom Abendwind.
Der nächtge Hauch zerreißt der Wolken grau Gewimmel
Und kupfern segeln sie im düsterblauen Himmel,
Und eines Königs Haupt trifft an dem Domportal
Mit glühendrotem Kuß der Sonne letzter Strahl.

L'hirondelle s'enfuit à l'approche de l'ombre,
Et l'on voit voleter la chauve-souris sombre.
Tout bruit s'apaise autour. A peine un vague son
Dit que la ville est là qui chante sa chanson,
Qui lèche ses tyrans et qui mord ses victimes;
Et c'est l'aube des vols, des amours et des crimes.
– Puis, tout à coup, ainsi qu'un ténor effaré
Lançant dans l'air bruni son cri désespéré,
Son cri qui se lamente et se prolonge, et crie,
Éclate en quelque coin l'orgue de Barbarie:
Il brame un de ces airs, romances ou polkas,
Qu'enfants nous tapotions sur nos harmonicas
Et qui font, lents ou vifs, réjouissants ou tristes,
Vibrer l'âme aux proscrits, aux femmes, aux artistes.
C'est écorché, c'est faux, c'est horrible, c'est dur,
Et donnerait la fièvre à Rossini, pour sûr;
Ces rires sont traînés, ces plaintes sont hachées;
Sur une clef de sol impossible juchées,
Les notes ont un rhume et les *do* sont des *la*,
Mais qu'importe! l'on pleure en entendant cela!
Mais l'esprit, transporté dans le pays des rêves,
Sent à ces vieux accords couler en lui des sèves;
La pitié monte au cœur et les larmes aux yeux,
Et l'on voudrait pouvoir goûter la paix des cieux,
Et dans une harmonie étrange et fantastique
Qui tient de la musique et tient de la plastique,
L'âme, les inondant de lumière et de chant,
Mêle les sons de l'orgue aux rayons du couchant!

– Et puis l'orgue s'éloigne, et puis c'est le silence,
Et la nuit terne arrive, et Vénus se balance
Sur une molle nue au fond des cieux obscurs;
On allume les becs de gaz le long des murs,
Et l'astre et les flambeaux font des zigzags fantasques
Dans le fleuve plus noir que le velours des masques;
Et le contemplateur sur le haut garde-fou
Par l'air et par les ans rouillé comme un vieux sou

Beim Nahn des Dunkels fliehn von Furcht erfüllt die Schwalben,
Und dunkle Fledermäuse flattern allenthalben.
Und alles schweigt. Ein Summen nur, das dumpf erklingt,
Erzählt uns von der Stadt, die noch ihr Lied uns singt,
Sie, die Tyrannen küßt', manch Opfer schon biß tot –
Für Mörder, Diebe, Wollust, graut nun Morgenrot.
Da plötzlich klingen jäh – als stieße ein Tenor
Im Lampendunste einen hohen Schrei hervor,
Ein Schrei, der klagend schwillt, ein qualvoll langes Singen –
Drehorgeltöne, die durchs Dunkel zu mir dringen,
Und wieder quäkt Romanzen es und Polkas da,
Die wir als Kind versucht auf der Harmonika,
Die träge oder flink, voll Frohsinn oder Trauern,
Frau'n, Künstlern und Geächteten das Herz durchschauern.
Ein Leiern, schauderhaft, kein einz'ger rechter Ton,
Rossini wäre sicher längst davongeflohn,
Das Lachen ist gequält, zerhackt sind diese Klagen,
Der Klang so falsch und grell, daß kaum es zu ertragen.
C klingt entfernt wie A: Die Tonart ist zerstört –
Und doch – was macht es aus? Man weint, wenn man es hört.
Und doch, die Seele scheint im Träumen hinzufließen
Und fühlt im alten Klang seltsame Kräfte sprießen,
Das Auge wird uns feucht, und Mitleid füllt das Herz,
Nach Himmelsfrieden sehnt man sich nach allem Schmerz,
Und in phantastischen und fremden Harmonien
Sieht man im Sonnenmeer tiefsüße Bilder ziehn,
Und unser Herz bestrahlt mit Freude, Licht und Lied,
Verschmilzt mit Orgelklang die Sonne, die verschied.

Dann ist die Orgel fort, und tiefes Schweigen lastet,
Die trübe Nacht bricht an, die blasse Venus rastet
Fern in der Finsternis auf weichem Wolkenhang,
Gaslampen glimmen auf die Häuserreihn entlang,
Und aus dem Fluß, schwärzer als samtne Masken, flimmern
Phantastisch das Gestirn und der Laternen Schimmern.
Und der Beschauer am Geländer, das voll Rost
'nem alten Groschen gleich, durch Jahre, Luft und Frost,

Se penche, en proie aux vents néfastes de l'abîme.
Pensée, espoir serein, ambition sublime,
Tout, jusqu'au souvenir, tout s'envole, tout fuit,
Et l'on est seul avec Paris, l'Onde et la Nuit!
[...]
– Et tu coules toujours, Seine, et, tout en rampant,
Tu traînes dans Paris ton cours de vieux serpent,
De vieux serpent boueux, emportant vers tes havres
Tes cargaisons de bois, de houille et de cadavres!

(Paul Verlaine)

Neigt tief zum Abgrund sich, wo schlimme Winde wehn;
Und stolzer Ehrgeiz, Hoffnung, Denken, Flehn,
Selbst die Erinnerung – dahin ist alles dies!
Und um ihn ist nur Nacht, das Wasser und Paris!
[...]
Und ewig, Seine, kriechst du weiter, ewig ziehst
Du durch Paris die Spur, die grau und schmutzig fließt,
Wälzend in deiner Flut, der klebrig schlangengleichen,
Die Ladungen von Holz, von Kohle und von Leichen!

(Nach Graf Wolf von Kalckreuth)

Le Pont Mirabeau

Sous le pont Mirabeau coule la Seine
        Et nos amours
    Faut-il qu'il m'en souvienne
La joie venait toujours après la peine

    Vienne la nuit sonne l'heure
    Les jours s'en vont je demeure

Les mains dans les mains restons face à face
        Tandis que sous
    Le pont de nos bras passe
Des éternels regards l'onde si lasse

    Vienne la nuit sonne l'heure
    Les jours s'en vont je demeure

L'amour s'en va comme cette eau courante
        L'amour s'en va
    Comme la vie est lente
Et comme l'Espérance est violente

    Vienne la nuit sonne l'heure
    Les jours s'en vont je demeure

Passent les jours et passent les semaines
        Ni temps passé
    Ni les amours reviennent
Sous le pont Mirabeau coule la Seine

    Vienne la nuit sonne l'heure
    Les jours s'en vont je demeure

(Guillaume Apollinaire)

Der Pont Mirabeau

Unterm Pont Mirabeau fließt die Seine dahin
Unsrer Liebe so gleich
Mir kommt es wieder in den Sinn
Die Freude kam der Schmerz verging

Nacht komm näher Stunde eile
Tage gehen ich verweile

Reich mir die Hände sieh mich an
Daß unter einem Brückenbogen
Den unsre Arme bilden dann
Der ew'gen Blicke müde jede Welle fließen kann

Nacht komm näher Stunde eile
Tage gehen ich verweile

Die Liebe verrinnt wie das Wasser so sacht
Die Liebe verrinnt
Wie ist doch das Leben so lang schon verflacht
Wie packt uns die Hoffnung mit stürmischer Macht

Nacht komm näher Stunde eile
Tage gehen ich verweile

Die Tage vergehen die Wochen entfliehn
Und wie die verflossene Zeit
Die Liebe die Lust in das Nirgendwo ziehn
Unterm Pont Mirabeau fließt die Seine dahin

Nacht komm näher Stunde eile
Tage gehen ich verweile

(Mona Wodsak)

Complainte de M. Lockroy sur la Tour Eiffel

Voilà comment c'était venu:
Monsieur Eiffel un maître
De forges, longtemps méconnu,
Me pria de permettre
Qu'il construisit un monument
D'une hauteur géante
Qui causerait l'épâtement
De la foule béante.
Je *lo crois*, dis-je, sans détour,
L'invention est belle!
Voilà comment naquit un jour
Le fameux projet de la Tour
Le projet de la Tour
        Eiffel ... le!

Observatoire ingénieux
Comblant une lacune,
Elle nous fera, dans les cieux,
Voir de plus près la lune,
Et par de brillants réflecteurs
Pourra répandre, altière,
Sur les obscurs blasphémateurs
Des torrents de lumière!
Près d'elle ce n'était qu'un four
Que la tour de Babel ... le!
France, contemple avec amour
Les trois cents mètres de l'étour ...
L'étourdissante Tour
        Eiffel ... le!

Aussitôt vus on éteindra
Les feux de cheminées.

Herrn Lockroys Ballade vom Eiffelturm

Es ging ganz einfach und ganz schnell:
Ein Eisengießer, Herr Ei-fell,
Dessen Talent man lang verkannt,
Kam eines Tages angerannt,
Und bat mich sehr, ihm zu vertraun,
Er wollt ein Monument erbaun,
So riesig hoch, daß jeder starre,
Und offnen Mauls vor ihm verharre.
Ich hab nicht lange da gesäumt:
Der Einfall, der ist gut, mein Freund,
Hab ich gesagt, und schon wars da:
Das Turmprojekt geboren wa' ...
Und nun erobert uns im Sturm
Der so erfundne Ei-fehl-Turm.

Als Sternwarte ist er genial,
So was wollt ich schon immer mal!
Wir werden nah beim Himmel stehn
Und dann den Mond weit besser sehn.
Und durch die Strahler, die da oben
Befestigt sind, man muß das loben,
Kann man auch unten sehr gut sehn:
Im Licht die finstren Lästrer stehn.
Niemand wird mehr im Dunklen leben ...
Der Babel-Turm war nichts dagegen!
Nimm hundert Meter mal mit drei
Das ist der Turm – der letzte Schrei!
Frankreich betracht', bei Sonn' und Sturm,
Voll Liebe deinen Ei-fehl-turm.

Wird ein Kaminbrand wo entstehn,
Ist rasch gelöscht, weils gleich zu sehn.

De la tour l'œil découvrira
Les lointaines armées
Et tout le pays dormira
Tranquillement près d'elle
Quand sa pointe se dressera ...
Immense sentinelle!
Nos cocottes faites au tour,
Vienne l'*universelle*,
Lâchant le montmartrois faubourg
Feront un lucratif pourtour
Tout autour de la Tour
Eiffel ... le!

Mais qu'entends-je, c'est inouï!
De notre Babylone
Des artistes s'écriant: – Oui,
Faut qu'on la déboulonne,
Vite un frein au débordement
Des gens métallurgiques
Qui déshonorent lâchement
Nos monuments gothiques!
Peintre, sculpteur ou troubadour,
Troupe au grand art fidèle,
Unissons-nous fortement pour,
En disant: échec à la Tour!
Faire un tour à la Tour
Eiffel ... le!

Tous les monuments de Paris,
L'Odéon, Notre-Dame,
A l'aspect de la tour surpris
Et la rage dans l'âme,
S'il faut en croire leur écrit
Crèveront de colère
Et s'écrouleront de dépit
Dans leurs robes de pierre!

Das Aug' am Turm wird auch erblücken,
Wenn in der Fern' Armeen anrücken.
Wenn seine Spitz' gen Himmel strebt,
Zur treuen Wacht sich hoch erhebt,
Dann schläft das Land in Ruh und gut,
Der Turm ist da, das gibt uns Mut!
Die Flittchen der Montmarter Gassen,
Die werden ihren Platz verlassen,
Denn mit dem Turm als Groß-Zuhälter
Wachsen die Ausstellungs-Gehälter,
Wenn sie dann drehn, bei Sonn', bei Sturm,
Die Runde um den Ei-fehl-turm.

Doch klagt man, das sei unerhört:
Die Künstler, die sind hell empört,
Den Turm wollen sie niederreißen
Und notfalls gar mit Steinen schmeißen.
Sie machen sich zum Widerstreiter
Gegen all die Metallarbeiter,
Die durch das, was sie tun allein
Steinalte Denkmäler entweihn:
„Wir, die wir schaffen, malen, spielen,
Uns hoher Kunst verbunden fiehlen,
Wir Künstler stimmen überein:
Der Turm, der Turm, er darf nicht sein!
Wir bieten Schach und laufen Sturm
Gegen den blöden Ei-fehl-turm."

Die Monumente wüten schon,
Die Notre-Dam', das Odéon
(Um zwei zu nennen von den allen)
Sind schreckstarr auf den Po gefallen
(Glaubt man, was unsre Künstler schreiben)
Und werden nicht am Leben bleiben.
Sie werden sich zu Boden schmeißen,
Ihr Kleid aus Stein vor Wut zerreißen.

Et l'obélisque au pur contour
Dans le puits de Grenelle
Ira se noyer sans retour
Préférant ne plus voir le jour
Que pâlir sous la Tour
        Eiffel . . . le!

Nous avions les tours de Goblet
Moi, j'ai voulu la mienne!
Laissez-moi, preux du Chevalet
Ma gloire aérienne.
Vous pouvez pleurer à l'écart
Si ma tour vous rend tristes,
C'est l'art grand et non le grand art
Qui touche les ministes!
A peser le contre et le pour
Je perdrai la cervelle
Et j'ai bien peur d'aller un jour
A Charenton faire un p'tit tour
Au tour que prend la Tour
        Eiffel . . . le!

(anonymer Verfasser)

Der Obelisk zerquetscht 'ne Träne,
Stürzt sich in die Grenell'-Fontäne,
Denn lieber wird er sich entleiben
Als klein und mickrig stehn zu bleiben
Und, sei's bei Stille oder Sturm,
Zu blicken hoch zum Ei-fehl-turm.

Goblet Luftschlösser schuf im Nu –
Da steht ein Turm mir schließlich zu!
Geschmack und Schönheit sind egal,
Ich will zum Ruhm 'nen Himmelspfahl!
Wenn er euch Farbkleckser nicht freut,
Tretet zum Weinen kurz beiseit.
Bei den Ministern geht's nie um
Die Kunst ... nur ums Spektakulum!
Dieweil ich mir all das bedenke,
Ich völlig mein Gehirn verrenke,
Und heut schon fürchte ich zu sehn,
In Charenton, beim Rundendrehn,
Das Ausmaß, zu dem wächst im Sturm
Der riesengroße Ei-fehl-turm.

(Mona Wodsak)

La Tour Eiffel

Le Bon Dieu, les saints et les saintes
Regardent par les trous du ciel
L'instrument que Monsieur Eiffel
Vient de dresser dans nos enceintes.
Il discutent; le Dieu des Dieux
Qui, vu son âge, est un peu myope,
Prononce: «C'est un téléscope»;
Jésus dit: «Papa devient vieux!»

Pierre, craignant pour sa ferrure
Dit: «Nous sommes perdus, Seigneur,
C'est une pince-monseigneur
Pour crocheter notre serrure.»
Jésus, depuis sa passion,
Redoutant toujours la souffrance,
Dit: «Ça, c'est un pal que la France
Elève à mon intention.»

«Non, c'est une échelle hardie»,
Dit saint Michel, le Conquérant;
«C'est un flambeau», dit saint Laurent,
Qui craint toujours quelque incendie.
Alors la Vierge qui sourit
Dit à son tour, et toute rose:
«C'est un mystère, quelque chose
Dans le genre du Saint-Esprit!»

(Léon Xanrof)

Blick auf den Turm

Gott traut seinen Augen kaum:
Er schaut durch den Weltenraum
Und betrachtet voller Zweifel
Dieses Dings von Monsieur Eiffel.
Alle Heil'gen diskutieren,
Und Gott Vater sieht man stieren.
„'s ist ein Fernrohr", sagt er wichtig.
Jesus denkt: „Der tickt nicht richtig."

Petrus fürchtet um sein Tor,
Und er schreit: „Da sei Gott vor!
Weh! mit dieser Einbrechstange
Sind die an dem Tor zugange!"
Jesus fürchtet stets die Schmerzen,
Und er bangt in seinem Herzen:
„Das da unten ist ein Pfahl,
Aufgerichtet mir zur Qual."

Michael, der kühne Streiter,
Argwöhnt eine Himmelsleiter;
Lorenz, schon mal angesengt,
Wieder nur an Fackeln denkt.
Und die Jungfrau lächelnd meint
– Leicht errötend – „dieses scheint
Ein Geheimnis, recht apart,
In des Heil'gen Geistes Art."

(Johannes Westenfelder)

Chanson

pour Pierre Mac Orlan

C'est une chanson des bords de la Seine
Des quais de Grenelle à ceux de Bercy
Elle s'abandonne à l'eau qui la mène
Parmi le brouillard ou les éclaircies.

Il faut l'écouter, qui glisse et s'efface
Au fil du courant, sous l'arche d'un pont,
Tandis que l'écho rasant la surface
Porte vers l'aval un peu de l'amont.

C'est une comptine autour des marelles
Dans un matin pur, à Ménilmontant,
La complainte des fillettes rebelles
Dans le château du roi des Bons-Enfants.

Et chaque saison reprend le poème
Qui joint l'enchanteur du pont Mirabeau
A deux amoureux penchés sur eux-mêmes,
A des vagabonds dormant près de l'eau.

Sur un air venu du temps des sirènes
Un vieux limonaire en moud le refrain
– Et c'est la chanson de Paris sur Seine
Qui s'enlace au jour limpide et serein.

Puis, quand les sommeils vont à la dérive
Par la ville sourde étouffant ses bruits
– O dernier passant, veilleur de la rive,
C'est une chanson des bords de la nuit.

(André Hardellet)

Lied

für Pierre Mac Orlan

Von den Ufern der Seine erzählt dieses Lied,
Von dem Kai von Bercy bis zu dem von Grenelle,
Und es schenkt sich dem Wasser, das abwärts still zieht,
Und durch Nebel es trägt in die sonnige Helle.

Man sollte ihm lauschen, wie's gleitet und schwindet
Am Bogen der Brücke dem Strom schon vermählt;
Auf dem Spiegel des Wassers ein Echo sich findet,
Das der Mündung selbst noch von der Quelle erzählt.

Es ist ein Abzählreim, beim Hüpfen aufzusagen,
Des Morgens in Ménilmontant, wenn's sonnig ist und lind;
Der kleinen Mädchen Lied ist's, die rebellisch klagen,
Im Königsschloß, wo sonst nur brave Kinder sind.

Und stets lebt dies Gedicht im Jahresreigen,
Das den Verzauberer der Brücke Mirabeau verbindet
Mit jenen beiden, die sich liebend zueinander neigen,
Und mit dem Vagabunden, der sein Bett am Wasser findet.

Die Melodie, von den Sirenen einst erwählt,
Aus altem Leierkasten heut noch dringt;
Die Seinestadt Paris dies Lied erzählt,
Das um den lichten, klaren Tag sich schlingt.

Und dann, wenn alles schläft, sich träumend treiben läßt,
Die Stadt ihr Lärmen längst gedämpft hat sacht,
Und du, als letzter Wachender, am Wasser stehst,
Dann erzählt dir dies Lied von den Ufern der Nacht.

(Mona Wodsak)

Le vent

refrain
si par hasard
sur l' pont des arts
tu crois's le vent
le vent fripon
prudenc' prends garde à ton jupon,
si par hasard
sur l' pont des arts
tu crois's le vent
le vent maraud
prudenc' prends garde à ton chapeau!

les jean-foutre et les gens probes
médis'nt du vent furibond
qui rebrouss' les bois
détrouss' les toits
retrouss' les robes.
des jean-foutre et les gens probes
le vent je vous en réponds
s'en soucie et c'est justice
comm' de colin-tampon.
bien sûr si l'on ne se fonde
que sur ce qui saute aux yeux
le vent semble un' brut' raffolant de nuire à tout l' monde,
mais une attention profonde
prouv' que c'est chez les fâcheux
qu'il préfèr' choisir les victim's de ses petits jeux.

(Georges Brassens)

wind am pont des arts

refrain
der wind treibt da
allotria
trifft auf der brück
er dich voll tück.
gib acht auf deine unterröck,
der wind treibt da
allotria.
trifft er dich gut
voll übermut
gib acht, gib acht auf deinen hut.

liederjan und leute bieder
schimpfen auf den wilden wind,
der die bäume kämmt,
die dächer stemmt,
hebt kleider wieder.
liederjan und leute bieder,
dieses sage ich geschwind:
dass dem wind, und das ist recht,
sie völlig schnuppe sind.
sicher, schenkt man nur beachtung
dem, was in die augen fiel,
scheint's, der wind so grob und dumm tut's allen zur verachtung,
aber tiefere betrachtung
zeigt, dass er auf die verfiel,
die sich ärgern, sie sind opfer für sein kleines spiel.

(Gerd Semmer)

Sur le Pont-Neuf

Sur le parapet du Pont-Neuf de Paris
Qui est si vieux, je m'accoude et je rêve:
Un soir très doux d'automne s'achève
Dans la musique des causeries.

Je rêve: un bateau-mouche léger file
Vers Auteuil ou vers Saint-Cloud;
Un pêcheur prend un goujon au bout
De son fil.

Je rêve à celles aux airs menteurs d'amour
Qui sont passées et passeront
En fins corsets de guêpes et robes de velours
Sur le pont.

Je rêve à ceux qu'une infidèle trompait
Et qui ont quitté désespérés leurs lits
Pour se jeter dans l'eau jolie
Du haut du parapet.

Je rêve: dans l'air doré Notre-Dame s'élève
Et Henri-Quatre sourit seul sur le vieux pont
Par où belles et galants s'en vont.
Je rève . . .

(Tristan Klingsor)

Auf dem Pont-Neuf

Ich steh auf dem Pont-Neuf und stütze auf die Brüstung meine Hände
Und so beginne ich, auf seinem alten Stein zu sinnen.
Mit Plaudereien, die wie Lieder klingen,
Geht herbstlich lind ein Abend nun zu Ende.

Ich träume vor mich hin: Ein Ausflugsschiffchen gleitet fort
In Richtung auf Auteuil oder auch auf Saint-Cloud.
Und einem Angler seh ich zu:
Ein Fisch am Haken zappelt dort.

Ich träume vor mich hin ... und denk an sie, die in der Liebe logen,
Und die wie schon vor alten Zeiten
Auch noch in Zukunft über diese Brücke schreiten
Mit ihren Wespentaillen und in samtnen Roben.

Ich träume vor mich hin ... und denk an jene, die zutiefst betrogen
Verzweifelt nachts ihr Bett verließen
Und schließlich sich ins sanfte Wasser stießen
Vom hochgeschwungnen Brückenbogen.

Ich träume vor mich hin ... In goldner Luft seh Notre-Dame ich stehn,
Und Henri Quatre lächelt einsam auf die Steine,
Über die Damen und Galane gehn.
Ich träume ...

(Mona Wodsak)

Conciergerie

Les anciennes prisons ont les voix sépulcrales
De leurs murs, qui, témoins de royales douleurs
Gardent l'obscur écho des plaintes et des pleurs
Pour effrayer celui qui se perd dans les salles.

Si le soir vous surprend, seul, errant sur les dalles
De la Conciergerie aux séjours de malheur,
Et si vous entendez depuis les profondeurs
S'approcher des pas sourds qui longent les dédales,

Ne soyez effrayé: le garde citoyen
Moustachu sans-culotte au rouge galurin
Ne sort pas du passé pour votre âme apeurée.

Tous les geôliers sont morts, avec eux les bourreaux,
Et celui qui surgit comme né d'un tombeau
N'est que pour votre honneur, concierge de musée.

(Jean Vegman)

Conciergerie

In alten Kerkern kann man Grabesstimmen hören,
Die flüstern aus den Mauern, wo einst Hoheiten geklagt;
Mit seltsam fremdem Hall sie narren und verstören
Den, der ins düstre Reich sich der Gewölbe wagt.

Und bricht die Nacht an, fühlst, allein, du dich beklommen,
Im Kerker, wo noch Qualen atmen aus den Steinen,
Und wenn nun Schritte wie aus fernen Tiefen kommen,
Die dumpf und drohend dich zu suchen scheinen,

Dann keine Angst: die Wache wird nicht auferstehn,
Kein bärt'ger Sansculott' will dich nun schaudern sehn,
Und niemand steigt empor aus finstrer Gruft.

Denn mit dem Henker starben die auch, die ihm dienen,
Drum keine Furcht, wenn jemand naht, wie aus dem Grab erschienen:
Der Wärter des Museums, statt der Wache, nach dir ruft!

(Mona Wodsak)

Notre-Dame de Paris

Notre-Dame est bien vieille: on la verra peut-être
Enterrer cependant Paris qu'elle a vu naître;
Mais, dans quelque mille ans, le Temps fera broncher
Comme un loup fait un bœuf, cette carcasse lourde,
Tordra ses nerfs de fer, et puis d'une dent sourde
Rongera tristement ses vieux os de rocher!

Bien des hommes, de tous les pays de la terre
Viendront, pour contempler cette ruine austère,
Rêveurs, et relisant le livre de Victor;
Alors ils croiront voir la vieille basilique,
Toute ainsi qu'elle était, puissante et magnifique,
Se lever devant eux comme l'ombre d'un mort!

(Gérard de Nerval)

Notre-Dame de Paris

Notre-Dame ist sehr alt: Vielleicht ist sie dereinst noch da
Und wird Paris begraben, wie sie es entstehen sah;
Doch wird die Zeit in abertausend Jahren in die Knie zwingen
Den ungeheuren Körper – gleich dem Stiere, den ein Wolf geschlagen;
Der Zahn der Zeit wird Eisennerven lautlos durcheinander schlingen
Und lustlos träge an den alten Felsenknochen nagen.

Aus allen Ländern dieser Erde werden Menschen kommen
Die aufrechte Ruine zu betrachten. Und beklommen,
Versonnen werden sie das Buch Victors von neuem lesen.
Dann werden sie zu sehen meinen, daß der alte Dombau lebt,
So kraftvoll und so prächtig, wie er ehemals gewesen,
Und sich, dem Schatten eines Toten gleich, erhebt.

(Mona Wodsak)

Ile Saint-Louis

Un petit bout de quai dans l'ombre
Ourlé de soleil à son extrémité.
Un mince petit saule
Piqué entre quatre pavés dans un carré de lumière,
Un minuscule bec de gaz à contre-jour
Mignon comme un jouet.
La falaise grise des hautes maisons
Encorbellées de gras balcons
Festonnés de fer forgé.
Deux bateaux sur la Seine
Grise et jaune,
L'un mauve et l'autre orange
Donnant tous deux un reflet semblablement vert
D'un drôle de vert glauque.
A l'horizon tout proche
Une péniche noire est suspendue
Comme un grand poisson nageant entre deux eaux
Dans le brouillard bleuté noyant le ciel et l'eau.

(Claude Delaunay)

Ile Saint-Louis

Ein kleines Uferstück im Schatten
Am Außenrand besäumt mit Sonnenstrahlen.
Ein schmächtig-schmaler Weidenbaum
Zwischen Steine in leuchtendes Viereck gepflanzt,
Eine Gaslaterne im Gegenlicht
So zierlich und hübsch, wie es Spielzeuge sind.
Ragende Steilküsten aus Häusergrau
Balkone behäbig davorgewölbt
Mit schnittig schmalem Gitterschmuck.
Zwei Schiffe auf der
Grau und gelben Seine,
Lila das eine, das andre orange
Ergeben in der Spiegelung das gleiche Grün,
Ein seltsames Meergrün.
Am nahgerückten Horizont
Ist schwarz ein Schleppkahn aufgehängt,
So wie ein Riesenfisch, der lautlos gleitend schwimmt
Im bläulichhellen Dunst, in dem der Himmel wie der Strom ertrinkt.

(Mona Wodsak)

T'en souviens-tu la Seine?

T'en souviens-tu la Seine
T'en souviens-tu comm' ça me revient
Me revient la rengaine
De quand on n'avait rien
De quand on n'avait pour tout bagage
Tes deux quais pour m'y promener
Tes deux quais pour y mieux rêver
Tu étais, tu étais mes voyages
Et la mer tu étais mes voiliers
Tu étais pour moi les paysages

Je te disais, la Seine
Qu'on avait les yeux d' la mêm' couleur
Quand j'avais de la peine
Quand j'égarais mon cœur
Quand je trouvais la ville trop noire
Tu dorais des plages pour moi
Tu mettais ton manteau de soie
Et pour moi qui ne voulais plus croire
Et pour moi, pour pas que je me noie
Tu faisais d'un chagrin un' histoire une joie

Ils te diront, la Seine
Que je n'ai plus de cœur à promener
Ou que si je promène
C'est loin de ton quartier
Ils te diront que je te délaisse
Et pourtant je n'ai pas changé
Non, je ne t'ai pas oubliée
Mon amie de toutes les tendresses
J'ai gardé dans mes yeux tes reflets
J'ai gardé tes couleurs tes caresses pour rêver

Seine, erinnerst du dich?

Seine, erinnerst du dich
Erinnerst du dich so wie ich
Ein altes Lied taucht auf, beschäftigt mich
Von früher, als man nichts sein eigen nannte
An Hab und Gut nichts andres kannte
Als schlendernd an den Ufern die dich säumen
An deinen beiden Ufern vor sich hinzuträumen
Du warst die Reisen die ich machte
Du warst mein Meer die Segel die mich wiegten sachte
Du warst es die in fernes Land mich brachte

Seine wie oft hab ich zu dir gesagt
Daß unsre Augen von der gleichen Farbe sind
Und wenn mich Kummer oder Schmerz geplagt
Und wenn mein Herz verwirrt war, krank und blind
Und wenn die Stadt mir düster schien und ich ihr grollte
Dann zeigtest du mir Strände golden wie Geschmeide
Und hülltest in den Mantel dich aus weicher Seide
Und wenn an gar nichts mehr ich glauben wollte
Hast du, damit ich nicht ertrinken sollte
Verwandelt meinen Schmerz in Nichts, in reine Freude

Seine, sie werden dir sagen
Daß man das Herz zum Schlendern längst bei mir vermißt
Oder auch daß, wenn ich spazierengeh, dies weit von deinem Ufer ist
Und daß ich dich verraten habe werden sie dir sagen
Und doch hab ich in nichts verändert mich
O nein, ich habe niemals dich vergessen
Nicht dich und nicht die Ufer die dich säumen
Du meine Freundin hast doch alle Zärtlichkeit besessen
Und heut noch trag in meinem Aug' ich dich
Und deine Sanftheit deine Farben hab ich, um zu träumen

T'en souviens-tu la Seine
T'en souviens-tu comm' ça me revient
Me revient la rengaine
De quand on était bien
Et si j'ai vu d'autres paysages
Tes deux quais m'ont tant fait rêver
Attends-moi j'y retournerai
Tu seras mon premier grand voyage
Et le port où je viens relâcher
Fatiguée de tant d'autres rivages oubliés

T'en souviens-tu la Seine
T'en souviens-tu?

(Anne Sylvestre)

Seine, erinnerst du dich
Erinnerst du dich so wie ich
Ein altes Lied taucht auf, beschäftigt mich
Von der Behaglichkeit die man sein eigen nannte
Und wenn ich lange schon auch andre Länder kannte
Das Träumen konnten mich nur deine Ufer lehren
Drum wart' auf mich: Ich werde wiederkehren
Du wirst doch immer meine erste große Reise sein
Bin müde ich, lauf ich in deinen Hafen ein
Und alle andren Ufer werden dann vergessen sein

Seine, erinnerst du dich
Erinnerst du dich?

(Mona Wodsak)

Kommentare

Paul Scarron: Sonnet/Sonett

Das Gedicht stammt aus der Mitte des 17. Jahrhunderts, als das Pariser Straßennetz zum größten Teil aus schmalen, verwinkelten, durch Abwässer verschmutzten Gassen bestand. Der Text verdeutlicht jedoch, daß sich schon damals Vorstellungen mit Paris verbanden, die auch heute noch von der Stadt untrennbar sind: zum einen allgemeine Großstadtphänomene wie die bunte Unterschiedlichkeit von auf dichtem Raum zusammengedrängten Menschen; das gehäufte Auftreten von Verbrechen und Prostitution; das krasse Nebeneinander von Reichtum (mit Statussymbolen wie Equipagen, Dienstpersonal etc.) und Armut. Zum anderen zeigen sich bereits Züge, die noch immer als typisch für Paris gelten: Es ist die Stadt, in der 'Mode' und die Eleganz der Erscheinung einen hohen Stellenwert einnehmen. Ebenfalls nicht zufällig ist die Erwähnung der in Paris lebenden Literaten: Damals wie heute ist es Paris, in dem und von dem aus gerade im Bereich der Literatur immer wieder weit über Frankreichs Grenzen hinaus beachtete Entwicklungen in Gang gesetzt werden.

Auch Scarron gehörte zu diesen Neuerern. 1610 in Paris geboren, 1660 dort gestorben, führte er das burleske Genre in Frankreich ein, das durch Gestaltung 'niederer' Themen in 'hohem' Stil (und damit Durchbrechen der traditionellen Forderung einer Einheit von Form und Inhalt) gekennzeichnet ist. So wählt Scarron hier die strenge Form des Sonetts, d. h. einer Gattung, die zuvor 'hohen' Inhalten vorbehalten war; er bricht jedoch bewußt mit dieser Tradition, insofern er den Blick vom Idealen abwendet und ihn auf die Alltäglichkeiten, Niedrigkeiten und Häßlichkeiten der Großstadt richtet.

Zu Strophe 2, Vers 4: «Avoir les mains crochues» ist ein feststehender Ausdruck für „geldgierig, raffgierig sein". Diese Aussage mag sich dadurch erklären, daß die Literaten im 17. Jahrhundert noch nicht durch Autorenrechte abgesichert waren, sondern ein Großteil von ihnen sich auf ständiger Jagd nach finanzieller Unterstützung durch Mäzene befand.

Auguste Barbier: La cuve/Der Höllenkessel

Auguste Barbier (1805 in Paris geboren, 1869 als einer der „Vierzig Unsterblichen" in die Académie Française gewählt, 1882 in Nizza gestorben) verbrachte in der Hauptstadt den größten Teil seines Lebens. Sein Gedicht spiegelt einen Topos wider, der noch heute (zumindest für einige Viertel, so etwa La Pigalle oder die Rue Saint-Denis) Gültigkeit besitzt: Paris als Ort des ungezügelten Lasters, der Ausschweifungen, das „Sündenbabel" Europas. Als Entstehungsdatum seines Gedichts gibt Barbier 1831 an. Damit unterstreicht er, daß er seine Verse nicht zuletzt verstanden wissen wollte als Auseinandersetzung mit der Julirevolution von 1830. Von ihr ausgehend wird daran erinnert, daß Paris schon mehrfach zuvor Auslöser und Zentrum revolutionärer Umwälzungen war. Erwähnt seien nur die Revolte unter der Führung von Etienne Marcel (1356–1358), die Fronde (1648–1653) und die Große Revolution von 1789, die ganz Europa erschüttert hatte.

Die annähernd zeitgenössische, deshalb heute antiquiert anmutende Übersetzung verdient insofern unser Interesse, als sie einen frühen Beleg für die wache Aufmerksamkeit darstellt, mit der die politischen Entwicklungen in Frankreich sowie ihre literarische Verarbeitung im damaligen Deutschland verfolgt wurden. Für den Erfahrungshorizont des deutschen Publikums kam noch hinzu, daß es beim Erscheinen der Übersetzung die Revolution von 1848 miterlebt hatte (ein gesamteuropäisches Phänomen mit Initialzündung in Paris).

Zu Strophe 5, Vers 2: Gemeint ist das Reich Napoleons I., auf das die erneute Bourbonenherrschaft gefolgt war, die 1830 wiederum gestürzt wurde.

Zu Strophe 7, Vers 2: Die Patronenhülsen bestanden damals aus Karton, der beim Laden vom Grenadier mit den Zähnen aufgerissen wurde.

Paul Verlaine: Croquis parisien/Pariser Skizze

Paul Verlaine, 1844 geboren, kam im Alter von sieben Jahren nach Paris, wo er 1896 starb. Schon als Zweiundzwanzigjähriger veröffentlichte er den ersten seiner vielen Lyrikbände, die ›Poèmes Saturniens‹, denen das Gedicht entstammt. Bereits damals war Verlaine dem Alkohol verfallen und vagabundierte durch die Pariser Kneipen. Wohl nicht zufällig vergleicht er deshalb das Mondlicht mit dem Glanz von «zinc». Denn «zinc» bezeichnet sowohl das Metall Zink als auch die Theken französischer Kneipen und Bistros: Sie sind mit Metallplatten verkleidet, die das Licht reflektieren.

›Croquis parisien‹/›Pariser Skizze‹ zeigt ein lyrisches Ich, das sich aus der kalten, düsteren, trostlosen Realität der Großstadt hinzuträumen versucht in die strahlende Helle Griechenlands und seiner antiken Vergangenheit. Als Glanzpunkte dafür werden große Denker und Künstler beschworen – so der Philosoph Plato und der Bildhauer Phidias – wie auch glorreich gewonnene Schlachten: Bei der Insel Salamis errangen die Griechen 480 v. Chr. einen Sieg über die Perser, zehn Jahre früher hatten sie schon bei Marathon gesiegt.

Charles Baudelaire: Le cygne/Der Schwan

Charles Baudelaire wurde 1821 in Paris geboren und verbrachte bis zu seinem Tod im Jahr 1867 fast sein ganzes Leben in der Hauptstadt. Wie sehr Paris den Dichter fesselte, zeigt sich daran, daß die Stadt im Werk Baudelaires immer wieder beschworen wird – daß er ihr sogar einen Teilzyklus seiner ›Fleurs du mal‹/›Blumen des Bösen‹ widmete: die ›Pariser Bilder‹, denen das Gedicht entstammt.

Mitte des 19. Jahrhunderts wurden in Paris ganze (zum Teil noch mittelalterliche) Stadtviertel abgerissen und durch breite Boulevards ersetzt; der von Baudelaire evozierte «nouveau Carrousel» und der ebenfalls erwähnte erweiterte Louvre zählten zu den stolzesten Resultaten des neuen Städtebaukonzepts (vgl. dazu auch das folgende Gedicht von Cros). Schon rein äußerlich gesehen fühlt deshalb das lyrische Ich des Gedichts sich in dieser verwandelten Stadt nicht mehr zuhause, es hat seine vertraute Heimat verloren. So kommt ihm Andromache in den Sinn, die nach dem Fall von Troja und dem Tod ihres Gatten Hektor in die Gewalt von Pyrrhus kam, der sie verschleppte, zur Ehe zwang und danach an Helenus weitergab (siehe Strophe 10). Wie sie ist der Schwan ein Verschleppter, des Wassers als seines eigentlichen Lebensraumes Beraubter. Wie Andromache, der Schwan, wie die gegen Ende des Gedichts erwähnten Waisen und verlorenen Matrosen ist ebenfalls die Negerin eine Entwurzelte, eine Exilierte, die sich nach ihrer Heimat zurücksehnt. (Als eine der beiden großen Kolonialmächte hatte Frankreich im Zuge der Industrialisierung viele Einwanderer aus den Kolonien angezogen. – In Paris hatte Baudelaire übrigens auch die Mulattin Jeanne Duval kennengelernt, mit der er fast sein ganzes Leben zusammenblieb.) Nicht zuletzt fühlt sich, wie schon gesagt, das lyrische Ich bzw. der Dichter selbst als Exilierter: nicht nur in einer ihm fremdgewordenen Stadt, sondern als einer, der in anderen, poetischen Sphären zuhause ist, und der insofern ein ebenso äußerliches wie innerliches Exil erleidet.

Victor Hugo schließlich, dem das Gedicht gewidmet ist, war ebenfalls ein (von Napoleon III. verbannter) Exilierter. Sein Name mag hier aber gleichzeitig stellvertretend für jene Mitglieder der politischen und schriftstellerischen Elite stehen, die seit dem Staatsstreich von 1851 in Gefängnissen saßen, verbannt waren oder die Flucht ins Ausland gewählt hatten.

Ironie des Schicksals: Auch Walter Benjamin, der das Gedicht zu Beginn der zwanziger Jahre übersetzt hatte, ging 1933 nach Paris ins Exil; von dort aus versuchte er 1940 eine weitere Flucht, die mit seinem Freitod an der spanischen Grenze endete.

Charles Cros: A M. Haussmann / An Herrn Haussmann

Baron Haussmann (1809–1891) war von 1853 bis 1870 Präfekt des mit der Stadt Paris identischen Seine-Departements. In dieser Zeit wurden unter seiner Leitung gigantische städtebauliche Veränderungen durchgeführt: Ganze Stadtviertel wurden zerstört, um den Durchbruch der Boulevards, die Erweiterung des Louvre, die Erbauung der Markthallen, der Bahnhöfe und der Oper zu ermöglichen. (Vgl. dazu auch S. 20.) In nur fünfzehn Jahren entstanden 200 neue Straßen und Boulevards sowie zahlreiche neue Brücken. Zeitgenössische Quellen berichten, über sechzehntausend Häuser seien dem Erdboden gleichgemacht, über zwanzigtausend neu errichtet worden. Der Vers «plongez-moi dans l'opulence» dürfte anspielen auf den für die damalige Zeit pompösen Charakter der meisten neuen Häuser:

Neben reichgeschmückten Fassaden und stuckverzierten Decken waren sie mit Wasserleitung und Gas ausgestattet. Tieferer Grund der Boulevarddurchbrüche war, daß die Stadt nach den Barrikadenkämpfen von 1830 und 1848 durchlässiger für massiven Militäreinsatz bei künftigen Befriedungsaktionen gemacht werden sollte.

Charles Cros, der vor allem als Verfasser humoristischer Gedichte bekannt wurde, kam 1842 in Südfrankreich zur Welt. Als er zwei Jahre alt war, zogen seine Eltern nach Paris, wo er bis zu seinem Tode 1888 fast ununterbrochen lebte (siehe auch S. 187). Cros verkehrte regelmäßig im berühmten Montmartre-Cabaret «Le Chat Noir» (vgl. S. 175) und veröffentlichte in der gleichnamigen Zeitschrift eine Vielzahl von Gedichten und Erzählungen. Neben seiner schriftstellerischen Tätigkeit widmete er sich intensiv der naturwissenschaftlichen Forschung: Er erfand das Prinzip der Farbphotographie und des Phonographen.

Aristide Bruant: Dans la rue / Auf der Straße

Aristide Bruant (eigentlich Bruand), 1851 in der Provinz geboren, 1925 in Paris gestorben, besingt hier ein Leben in Armen- und Proletarierviertelн, die – alle im Norden von Paris gelegen – damals noch Vororte waren. (Zu La Chapelle siehe auch S. 74, zum Montmartre auch S. 76–88.) Nach dem deutsch-französischen Krieg von 1870/71 begann er, als Chansonnier in Pariser Kneipen und Künstlerlokalen aufzutreten. Nicht nur durch seine typische Aufmachung – roter Schal, schwarzer Schlapphut, Knüppel in der Hand (wie man ihn von den Toulouse-Lautrec-Plakaten her kennt, die in Frankreich noch heute zuhauf als Ansichtskarten zirkulieren) – wurde er schnell zu einer Berühmtheit. Seine Lieder (die er auch selbst vertonte) pflegte er im Argot zu singen, dem im Deutschen kaum wiedergebbaren Jargon der Pariser Dirnen, Zuhälter, Bettler und Kriminellen, denn als Sohn eines Trunkenbolds und einer Nervenkranken hatte er sich lange in diesem Milieu herumgetrieben. Insofern ist sein Lied sicher teilweise autobiographisch zu verstehen. (Siehe dazu auch S. 66f. und 76f.) Mit seinen Chansons machte er sich zur Stimme der Recht- und Besitzlosen, der Ausgestoßenen und Verfolgten, und verkörperte das proletarisch-anarchistische Element der damaligen Chansonszene.

Nachdem er im berühmten «Chat Noir» des Montmartre aufgetreten war, eröffnete er nach dessen Umzug dort ein eigenes Lokal (vgl. dazu auch S. 175). Einige seiner Chansons sind unvergessen und werden in Frankreich noch heute gerne gesungen.

Zu Strophe 4, Vers 2: Ein besonderer Witz besteht hier darin, daß der Sprecher des Textes sein billiges Straßenmädchen mit der «Joconde» (französischer Name der Mona Lisa) vergleicht, d. h. mit dem Inbegriff von adliger Schönheit und vornehmer Reserviertheit auf dem kunsthistorischen Paradestück des Louvre-Museums. Es mag überraschen, daß Bruant ganz selbstverständlich die Kenntnis dieses Bildes voraussetzt bei einem Publikum, das zum Gutteil aus Angehörigen der Unterschicht und der gesellschaftlichen Randgruppen bestand und von dem man somit nicht erwartet, daß es zu den gewohnheitsmäßigen Museumsbesuchern gehörte. Bruants Anspielung ist ein Indiz dafür, wie sehr es der französischen Republik im 19. Jahrhundert gelungen war (durch Öffnung des Louvre, der Bibliotheken usw.), die zuvor nur den gesellschaftlichen Eliten vorbehaltenen kulturellen Schätze auch der Masse des breiten Volkes zugänglich zu machen.

Jules Supervielle: Paris

Das Gedicht klagt über die Besetzung der Hauptstadt im Zweiten Weltkrieg. Am 13. Juni 1940 war Paris zur „offenen Stadt" erklärt worden (d. h. sie durfte vom Gegner, dem Kontrollrecht eingeräumt wurde, nicht beschossen werden) und fiel einen Tag später kampflos in deutsche Hand.

Supervielle, den Reiner-Maria Rilke besonders schätzte, verfaßte Romane und Theaterstücke, vor allem aber eine Vielzahl von Lyrikbänden. Er wurde 1884 in Montevideo geboren, kam als Zehnjähriger nach Paris und veröffentlichte schon als Sechzehnjähriger eine kleine Gedichtsammlung. Nie verlor er die Bindung an sein Geburtsland, in das er regelmäßig reiste. Auch zur Entstehungszeit des Gedichts hielt er sich, vom Kriegsausbruch überrascht, in Uruguay auf. Sein Gedicht entstammt dem (1939 bis 1945 entstandenen) Zyklus ›Poèmes de la France malheureuse‹/›Gedichte vom unglücklichen Frankreich‹. Supervielle kehrte erst 1946 nach Paris zurück (als Kulturattaché Uruguays aufgrund seiner doppelten Staatsbürgerschaft), erhielt 1955 den Literaturpreis der Académie Française, wurde vielfach geehrt und war Mitglied zahlreicher literarischer Jurys. 1960 starb er in Paris. – Auch der Übersetzer des Gedichts, der in Czernowitz geborene jüdische Lyriker Paul Celan, lebte von 1949 bis zu seinem Tod 1970 in Paris. 1942 hatte er vor den Nationalsozialisten fliehen müssen, seine Familie war in ein Vernichtungslager deportiert worden.

Louis Aragon: Paris

Anlaß des Gedichts war die Befreiung der Hauptstadt von der deutschen Besatzung am 25. August 1944. Aragon spricht hier eine Reihe von alten Mythologemen an: Paris als die Stadt des Lichtes (vgl. Vers 2), als Hoffnungsträgerin (Vers 3–4), als Unzerstörbare, sich immer wieder wie Phönix aus der Asche Erhebende (2. Strophe, Vers 1–2). Die Strophen drei und vier, in denen die Stadt zur todesmutigen Aufständischen stilisiert wird, spielen an nicht nur auf unmittelbar zurückliegende Ereignisse, sondern auch auf den alten Topos von Paris als Brennpunkt der Befreiungskämpfe, die mit seiner Geschichte eng verbunden sind: Von den Revolutionen etwa des 17., des 18. oder 19. Jahrhunderts zieht sich der Faden bis zur Résistancebewegung im Zweiten Weltkrieg, an der Aragon selbst aktiv teilgenommen hatte: 1943–1944 organisierte und koordinierte er in Südfrankreich den Widerstand der Künstler und Intellektuellen. Die Nennungen von «Point-du-Jour» und «Père-Lachaise» (sie begrenzen die Innenstadt im Westen und Osten) sind symbolisch nicht nur zu verstehen als „Tagesbeginn/Sonnenaufgang/Neuanfang" bzw. „unendliches Gräberfeld". Auf dem Père-Lachaise befindet sich auch die „Mauer der Erschossenen", eine Gedenkstätte für die dort gefallenen Widerstandskämpfer des Kommune-Aufstands von 1871. Er enthält zudem eine Abteilung von Monumenten und Gräbern berühmter Résistancekämpfer, und nicht von ungefähr sind auf einigen dieser Grabsteine Zitate aus Aragon-Gedichten zu lesen.

Louis Aragon, 1897 in Paris geboren, 1982 dort gestorben, trat schon früh in die Kommunistische Partei ein, gehörte später ihrem Zentralkomitee an und kämpfte zeitlebens auch als Dichter, Schriftsteller und Journalist gegen den Faschismus. Mit den Liedern, die aus zerstörten Mauern steigen (vgl. Vers 5), spielt er wohl nicht zuletzt auf die eigenen Verse an, die während der Résistancezeit heimlich gedruckt und verbreitet wurden.

Jacques Lanzmann: Il est cinq heures, Paris s'éveille / Es ist fünf Uhr, Paris wacht auf

Das vor einem Vierteljahrhundert entstandene und zum Evergreen gewordene Chanson hat nichts von seiner Aktualität eingebüßt. Der Nachtschwärmer, der auf der Place Dauphine wohnt und sich deshalb scherzhaft selbst als «Dauphin» (Thronfolger) bezeichnet, befindet sich im Herzen von Paris an der Westspitze der Ile de la Cité. Von dort aus läßt er seine Gedanken schweifen in die vier Himmelsrichtungen: nach Norden zur Place Blanche, einem der Brennpunkte des Pariser Nachtlebens mit seinen Stripteaselokalen, Rotlichtbars und Amüsierbetrieben, die in der Morgendämmerung in Lethargie versinken; dann nach Süden zum Montparnasse, d. h. einem weiteren Viertel, das nachts nicht weniger lebendig ist. Zum Zeitpunkt der Entstehung des Liedes wurden dort große Bauvorhaben ausgeführt, unter anderem wurde der alte Bahnhof abgerissen (wohl daher wird er im Originaltext als Gerippe bezeichnet). Nach einem Blick gen Nordosten in die Vorstädte – in La Villette befanden sich bis 1974 die großen Pariser Schlachthöfe – schaut der Betrachter nach Westen und Nordwesten: zum Eiffelturm, dem Triumphbogen auf der Place Charles de Gaulle und dem Obelisken auf der Place de la Concorde. Diese Monumente und Plätze bleiben nachts vom Großstadtleben und -treiben unberührt, tagsüber dagegen gehören sie zu den belebtesten Verkehrsknotenpunkten der Hauptstadt.

Verfasser des Chansons ist Jacques Lanzmann (1927 im Pariser Vorort Bois-Colombes geboren). 1954 begann er, sich als Schriftsteller zu betätigen, verfaßte eine Vielzahl von Romanen und rund 150 Chansons – die Mehrzahl davon für seinen Freund Jacques Dutronc. ›Il est cinq heures ...‹ verschaffte Dutronc (geb. 1943), auch er ein echter

Pariser, drei Jahre nach dem Beginn seiner Karriere als Sänger, den wohl größten Erfolg seiner Laufbahn.

Guy Auguez: Au Bois de Boulogne/Im Bois de Boulogne

Der Bois de Boulogne (Metrostationen: Porte Maillot, Porte Dauphine, Porte d'Auteuil) ist der Rest eines einst ausgedehnten Waldgebietes, das den Königen als Jagddomäne diente. Von der Mitte des 15. Jahrhunderts an wurde mit der Erschließung begonnen, Ludwig XIV. ließ den Bois mit Straßen durchziehen und gewährte der Bevölkerung Zutritt. Seit Mitte des 19. Jahrhunderts, als Napoleon III. ihn der Stadt Paris übergab mit der Auflage, ihn weiter zu erschließen und zu unterhalten, wurde der Bois de Boulogne mehr und mehr als Erholungsgebiet genutzt. Die künstlichen Seen mit ihren Inseln und Pavillons gehen auf Entwürfe eines Deutschen, des Fürsten Pückler-Muskau, zurück.

Dort, wo heute das «Catelan»-Kreuz steht, soll schon im Mittelalter ein beliebter Treffpunkt für Minnesänger gewesen sein. Der Legende nach wurde einer von ihnen, Arnaud Catelan, von einem eifersüchtigen Ehemann getötet. Daß der Bois als romantischer Ort für Liebende gilt, wie ihn unser Zeitgenosse Auguez in seinem Gedicht schildert, hat also eine lange Tradition. Eine ähnliche Beobachtung wie Auguez machte auch Ernst Jünger: „Ich stieß auf Liebespaare, die die milde Dämmerung des Waldes in allen Stadien der Umarmung bevölkerten. Es gibt dort als Unterholz runde Gebüsche, die im Lauf der Jahre hohl wie grüne Kugeln oder Lampions geworden sind. [...] Hier sah man die Geschlechter sich schweigend aneinander schmiegen, während der Schatten wuchs." Kürzer formuliert ein Sprichwort: «Les mariages du bois de Boulogne ne se font pas devant le curé» – „Im Bois de Boulogne wird ohne Pfarrer geheiratet." In den letzten Jahrzehnten ist der Bois nach Einbruch der Dämmerung zum weit weniger poetischen Revier von Prostituierten und Homosexuellen geworden.

Victor Hugo: A l'Arc de Triomphe de l'Etoile / Auf den Triumphbogen der Etoile

Zur Ehre seiner Armee beschloß Napoleon 1807, auf der Place de l'Etoile („Sternplatz" genannt, weil von ihr fünf Avenuen sternförmig ausgingen – heute sind es zwölf und der Platz heißt offiziell «Charles de Gaulle») einen Triumphbogen zu errichten. Nach dem Sturz Napoleons wurden die Arbeiten abgebrochen. Im Oktober 1823 beschloß Ludwig XVIII. die Fortführung der Arbeiten, und das Gedicht ist als Reaktion auf diese Entscheidung zu verstehen (siehe dazu bes. Strophe 4, Vers 5–6). In seinem Frühwerk zeigte Hugo sich immer wieder als glühender Verehrer Napoleons, und so verherrlicht er auch hier den Heerführer und seine 'Große Armee'. (Vgl. auch sein Gedicht ›A la Colonne‹/›An die Vendôme-Säule‹, S. 52.) Endgültig fertiggestellt wurde der Triumphbogen erst unter Louis-Philippe im Jahr 1836, mehr als ein Jahrzehnt nach der Entstehung des Gedichts.

Victor Hugo, 1802 als Sohn eines napoleonischen Generals in Besançon geboren, kam schon als Kind nach Paris, wo er (unterbrochen durch die Jahre des Exils 1852–1870) bis zu seinem Tod 1885 lebte. Hugo fühlte sich der Hauptstadt auch in seinem Werk besonders verbunden: Immer wieder nimmt Paris in seinen Gedichten und Romanen (z. B. in ›Notre-Dame de Paris‹/›Der Glöckner von Notre-Dame‹ und ›Les Misérables‹/›Die Elenden‹) einen besonderen Platz ein. Das von ihm 1833–1848 bewohnte Haus, Place des Vosges Nr. 6, wurde zum Hugo-Museum umgestaltet (vgl. S. 64). Der Triumphbogen spielte nach seinem Tod noch einmal eine Rolle: Hier wurde Hugo aufgebahrt, bevor man ihn in feierlichem Zug durch die Stadt zur Beisetzung ins Pantheon brachte. (Metro/RER: Charles de Gaulle-Etoile)

Zum Motto: Teil eines Verses aus der ›Aeneis‹, VI, 143: „Primo avolso non deficit alter aureus" – „und ward der erste gepflückt, fehlt nimmer ein andrer goldener Zweig".

Zu Strophe 2, Vers 6: Gemeint ist die Vendôme-Säule (siehe S. 52): Sie ist von einem Bronzemantel umgeben, der gegossen wurde aus den 1200 erbeuteten Kanonen der Dreikaiserschlacht von Austerlitz, in der Napoleon 1805 die Österreicher und Russen schlug.

Zu Strophe 3, Vers 3: Die Oriflamme war vom Beginn des 12. Jahrhunderts an das Kriegsbanner der französischen Könige. Es war geschmückt mit Lilien oder goldenen Flammen.

Zu Strophe 5, Vers 5: Die Übersetzung ist hier mißverständlich. Mit dem „Ruhm", der „gezogen kommt", ist Napoleon gemeint: Er soll seinen Nacken nicht beugen müssen, wenn er unter dem Triumphbogen hindurchschreitet.

Raymond Queneau: Tuileries de mes peines/ Tuilerien meiner Qual

Der Jardin des Tuileries (Metrostationen: Concorde oder Tuileries) ist für das lyrische Ich hier Anlaß zur Erinnerung an vergangenes Glück und zum Schmerz über erlittenen Verlust. Der Sprecher geht in Richtung des Pont d'Iéna, der «ne mène nulle part»/„nirgendwohin führt". Ähnlich wie in Apollinaires Gedicht ›Le Pont Mirabeau‹ (siehe S. 126) wird eine Brücke hier als Schauplatz von verlorenem Liebesglück beschworen, über die das Paar einst gemeinsam wandelte oder die der Sprecher auf dem Weg zur Geliebten zu überqueren pflegte. Zwischen den Tuilerien und dem Pont d'Iéna liegt die Place de la Concorde. Die für den normalen Betrachter rätselhaften altägyptischen Schriftzeichen auf dem Obelisken in der Platzmitte mögen ein weiterer Reflex der Befindlichkeit des Ich sein: Ihm ist die gesamte Existenz unbegreiflich und sinnlos geworden. Die Monotonie des solchermaßen sinnentleerten Universums wird von Queneau – in dessen Texten kleinste sprachliche Markierungen einen hohen Stellenwert besitzen – durch das starke Gewicht des Refrains (mit gleichlautendem Anfang beider Zeilen) und die Beschränkung auf nur zwei Reime für insgesamt 28 Verse widergespiegelt.

Raymond Queneau, 1903 in Le Havre geboren, kam 1920 nach Paris und lebte dort bis zu seinem Tod 1976. Sein wohl bekanntestes, auch verfilmtes Werk spielt ebenfalls in der Hauptstadt: ›Zazie dans le Métro‹ (1959).

Théophile Gautier: Fantaisie d'hiver / Winterfantasie

Théophile Gautier (1811 in Tarbes geboren, 1872 in Neuilly bei Paris gestorben) kam schon früh in die Hauptstadt und versuchte sich zunächst als Maler. Bereits mit 19 Jahren veröffentlichte er seinen ersten Gedichtband, mit dem er seinen Ruf als begabter Lyriker begründete. Bei der Wahl zum Mitglied der Académie Française 1869 unterlag er knapp seinem Konkurrenten Barbier (vgl. S. 12 ff.). Gautier war einer der Hauptvertreter des «L'Art pour l'Art», der zweckfreien Kunst. In seiner ›Winterfantasie‹ vergleicht er die Bäume im Jardin des Tuileries mit «féeries». So hießen damals für die Bühne bestimmte Feenspiele, die zur Zeit Gautiers sehr beliebt waren, und vermutlich dachte Gautier hier an die Kulissen solcher Stücke.

Die Statue der Venus steht wohl für zweierlei: zum einen für die Göttin der Gärten und des Frühlings, also der erwachenden, zum Erblühen drängenden Natur (insofern bildet sie einen absoluten Gegensatz zur Leblosigkeit und Starre der Winterlandschaft), zum anderen für die Göttin der Liebe und Schönheit. Phokion war ein Feldherr der Antike, dessen Statue heute in den Tuilerien ebensowenig zu finden ist wie die der Venus. Clodion ist ein französischer Bildhauer (1738–1814), der die Statue «La Frileuse» / „Die Frierende" schuf. Auch diese Statue steht zumindest heute nicht mehr in den Tuilerien; in Paris sind aber weitere Werke von ihm zu finden (am kleinen Triumphbogen der Tuilerien etwa „Einzug in München"), und er arbeitete am Bronzemantel der Vendôme-Säule mit (vgl. S. 52).

Victor Hugo: A la Colonne / An die Vendôme-Säule

Das Gedicht stammt aus dem Frühwerk Hugos und ist von überschwenglicher Bewunderung Napoleons I. geprägt. Der Dichter nimmt dabei die Vendôme-Säule (ähnlich wie schon den Triumphbogen, siehe S. 44) als Ausgangspunkt, um das Andenken des Kaisers zu feiern. Die Entstehungsgeschichte der Säule wird beim Leser als bekannt vorausgesetzt: Nach der Dreikaiserschlacht von Austerlitz, in der Napoleon 1805 die Österreicher und Russen geschlagen hatte, ließ er (als Verehrer der Antike nach dem Vorbild der Trajanssäule in Rom) aus den rund 1200 erbeuteten Kanonen den Bronzemantel für eine 44 Meter hohe Säule gießen, die auf ihren Reliefs Szenen der Schlacht zeigt und zur Ehre der glorreichen französischen Armee und ihres Heerführers errichtet wurde. (Vgl. Strophen 1, 5–6, 8.) Gekrönt war sie ursprünglich von einer Statue Napoleons als Cäsar mit Toga und Lorbeerkranz. Nach seinem Sturz wurde sie zuerst durch eine Statue von Henri IV ersetzt, diese dann durch eine überdimensionale Lilie, das Emblem des bourbonischen Königshauses. Der 1830 an die Macht gekommene „Bürgerkönig" Louis-Philippe schmückte die Säule wieder mit einer Statue Bonapartes, diesmal als Korporal.

Die beiden letzten Verse der zweiten Strophe beziehen sich auf den russischen Zar Alexander I. („Erbe" des Namens von Alexander dem Großen) und den deutschen Kaiser Franz II. (= Franz I. von Österreich; die Titel „Kaiser" und „Zar" entstanden aus lat. *Caesar*). Beide bezwang Napoleon in der schon erwähnten Schlacht bei Austerlitz, Alexander zwei Jahre später nochmals bei Preußisch-Eylau, als Franz I. von Österreich bereits die deutsche Kaiserkrone niedergelegt hatte. Auch dieser Sieg gehört zu den großen Erfolgen Napoleons (siehe Strophe 8, Vers 6) und führte zu beträchtlichen Gebietsabtretungen und Reparationszahlungen an Frankreich. Doch damit nicht genug: In schneller Abfolge werden im Gedicht eine Reihe weiterer Heldentaten Napoleons angeführt: Daß er „zum Spielzeug Pyramiden" nahm (Strophe 7, Vers 4), spielt an auf die Ägypten-Expedition (1798–1799) und seinen Sieg bei den Pyramiden von Gizeh. 1796 hatte er, seinen Soldaten voranstürmend, sie in Italien über die Brücke von Arcola zum Sieg geführt; in Wagram bei Wien besiegte Napoleon 1809 den österreichischen Erzherzog Karl, bei Marengo in Piemont 1800 ebenfalls die Österreicher, bei Champaubert 1814 die Russen und Preußen (vgl. zu alledem Strophe 9, Vers 5). Nach seinen Feldzügen kehrte der „Adler" (Napoleon wird hier mit dem mächtigen Wappenvogel gleichgesetzt, den seine Armeen als Feldzeichen führten) immer wieder zurück zum „Louvre" (Strophe 4, Vers 6 und 3), dem Palast der Herrscher Frankreichs. Napoleon hatte selbst zu dessen Ausgestaltung beigetragen: Er ließ die Place du Carrousel vergrößern (die später unter Haussmann noch einmal umgestaltet wurde), den kleinen Triumphbogen errichten und den Bau der Nordgalerie beginnen. (Im Salon

Carré des Louvre fand 1810 seine Trauung mit Marie Luise von Österreich statt, der Tochter von Franz I.)

Noch weiter überhöht wird die Gestalt Napoleons durch den Vergleich mit einem Giganten der griechischen Mythologie: Enkelados türmte Gebirge übereinander (unter anderem die gewaltigen griechischen Berge Pelion und Ossa), um den Götterhimmel des Weltenherrschers Zeus zu erstürmen (siehe Strophe 9, Vers 1–4, 6).

Hugo (zur Biographie siehe S. 164), der sich hier darüber empört, daß dem Andenken des großen Heerführers nicht genug Ehre angetan werde, durfte ein Jahrzehnt später Napoleons Rehabilitierung erleben: Seine sterblichen Überreste wurden 1840 nach Frankreich überführt und mit großem Pomp im Invalidendom beigesetzt. Die Vendôme-Säule wurde 1871 von den Kommunarden zertrümmert, nach der Restaurierung schmückte man sie wieder mit einer Nachbildung der ursprünglichen Statue Napoleons. (Metro: Opéra)

Robert Desnos: Couplets de la rue Saint-Martin/ Lied von der Rue Saint-Martin

Robert Desnos wurde 1900 in Paris geboren und verbrachte dort fast das ganze Leben. Thema seines Gedichts ist die Besetzung der französischen Hauptstadt durch die Deutschen im Zweiten Weltkrieg und die damit verbundenen Verhaftungen, Deportationen und Exekutionen. Die Suggestionskraft des Gedichts entsteht vor allem daraus, daß die Erwähnung dieser Terroraktionen vollständig ausgespart bleibt. Daß sie gemeint sind, erschließt der Leser erst im Rückblick aufgrund des drittletzten Verses: Nach Aufzählung mehrerer Heiliger, die sich als Namenspatrone einiger Kirchen des von den beiden Freunden bewohnten Stadtviertels entschlüsseln lassen, erfolgt ein Sprung zum Heiligen Valerian, der „sich auf dem Hügel versteckt". Gemeint ist der vor den Toren von Paris gelegene «Mont Valérien», auf dem rund 4500 Franzosen von der Besatzung exekutiert wurden. (Ein Mahnmal, das de Gaulle 1960 dort errichten ließ, erinnert noch heute an das Geschehen.)

Daß gerade Desnos dieses Thema behandelt, bekommt in der Vorausschau auf seine weitere Lebensgeschichte besondere Bedeutung:

Der aktive Widerstandskämpfer wurde im Februar 1944 deportiert und starb im Juni 1945 kurz nach seiner Befreiung aus dem KZ Theresienstadt an Typhus.

In der Rue Saint-Martin (Metrostationen: Châtelet oder Hôtel-de-Ville) verbrachte Desnos seine Kindheit und Jugend: von 1902–1913 im Haus Nr. 11, in unmittelbarer Nähe der Tour Saint-Jacques und schräg gegenüber der Kirche Saint-Merri, in der er auch die Erste Heilige Kommunion empfing; 1913 zog die Familie in die Rue de Rivoli im gleichen Viertel. Obwohl Desnos später im 15. Arrondissement wohnte, beweisen die letzten Seiten seiner Aufzeichnungen, wie sehr er sich seinem alten Viertel Saint-Merri verbunden fühlte, denn dort erinnert er sich liebevoll und sehnsüchtig an die Stätten seiner Jugend.

Mit Ausnahme von Valerian beherbergt das Viertel sämtliche Kirchen der von Desnos aufgeführten Schutzheiligen: So die spätgotische Kirche Saint-Merri (Eingang: Rue de la Verrerie Nr. 26); von der Kirche Saint-Jacques-de-la-Boucherie, die schon zu Zeiten der Karolinger Station auf dem Pilgerweg nach Santiago war, ist nur noch der Turm übrig (Square Saint-Jacques); in der spätgotischen Kirche Saint-Gervais-Saint-Protais (Place Saint-Gervais) wurde Paul Scarron beigesetzt (vgl. S. 10) und hier heiratete Madame de Sévigné (vgl. S. 64); in der ehemaligen Kirche Saint-Martin des Champs (Rue Saint-Martin Nr. 292) ist heute das «Musée national des techniques» untergebracht.

In der Rue Saint-Martin Nr. 168 wurde Gérard de Nerval geboren (vgl. S. 108 und 144), von 1815–1834 lebte er hier im Haus Nr. 156. (Beide Häuser sind heute durch Neubauten ersetzt.) Im Viertel Saint-Merri (in der Rue Beaubourg, Parallelstraße zur Rue Saint-Martin) lebte bis zu seinem Tod auch der Dichter und Schriftsteller André Hardellet (vgl. S. 136).

Jean-Paul Sartre: Dans la rue des Blancs-Manteaux / In der Rue des Blancs-Manteaux

Die Rue des Blancs-Manteaux (Straße der Weißmäntel) ist benannt nach einem Bettelorden, der dort im Mittelalter ein Kloster hatte und später von den Benediktinern ersetzt wurde. Die Mönche lebten hier bis 1790, als der Orden – im Zuge der Großen Revolution – aufgelöst wurde und seine Mitglieder verfolgt wurden.

Die Rue des Blancs-Manteaux liegt nahe der Metrostation Rambuteau, also mitten im Marais: in dem Stadtviertel, das im 17. und 18. Jahrhundert bevorzugte Wohngegend der Aristokratie war, ein Viertel der prunkvollen Paläste, des zur Schau gestellten Reichtums, der eleganten Welt (vgl. auch S. 62 und 64). Die im Gedicht angesprochenen, prächtig herausgeputzten Damen, die dort während der „Schreckensjahre" zur Hinrichtung geführt wurden, entstammten eben diesem lokalen wie gesellschaftlichen Umfeld.

Der Autor des Gedichts (1905 in Paris geboren, 1980 dort gestorben), erlangte seine Berühmtheit nicht als Lyriker, sondern als politisch engagierter Schriftsteller und Journalist und Begründer der philosophischen Richtung des Existentialismus. Daß er über die Hinrichtungen ohne Betroffenheit und mit ironischer Distanz spricht, kann nicht verwundern: Sartre, der sich nachdrücklich zur politischen Linken bekannte, stand zeit seines Lebens auf seiten der Machtlosen und Entrechteten, der Unterdrückten und Ausgebeuteten.

Das Gedicht hatte er 1939, kurz nach seiner Einberufung zum Kriegsdienst (als Krankenträger) geschrieben und es der Chansonnette Juliette Gréco geschenkt, die damit einen ihrer ersten großen Erfolge erlebte. 1944 arbeitete Sartre es ein in sein wohl berühmtestes Theaterstück ›Huis clos‹/›Bei geschlossenen Türen‹.

Jules Supervielle: Musée Carnavalet

Die Stadt Paris kann auf eine besonders lange und stolze Geschichte zurückblicken. Dies zeigt sich in verschiedensten Baudenkmälern, vor allem aber in ihren Museen. Das heutige «Hôtel Carnavalet» (23, rue de Sévigné; Metro: Saint-Paul), eine im Stil der Renaissance erbaute Adelsresidenz, wurde unter anderem von der Marquise de Sévigné bewohnt, die bis heute als berühmteste Briefautorin der französischen Klassik gilt. Das Museum enthält, neben einigen Erinnerungsstücken an die Marquise, insbesondere Zeugnisse der Pariser Geschichte von der Zeit Franz I. bis zu unserem Jahrhundert. Kleider und Kostüme aus vergangenen Zeiten sucht man dort inzwischen vergeblich: Sie wurden vor einigen Jahren ins Musée Galliera (Metro: Iéna) überführt.

Supervielle (zur Biographie siehe S. 160 f.) thematisiert hier jedoch einen nicht nur kostümgeschichtlichen Aspekt: Das Hauptproblem eines jeden Museums liegt darin, nicht nur Zeugnisse aus einer längst versunkenen Vergangenheit zu bewahren, sondern jene Vergangenheit durch diese Zeugnisse auferstehen, lebendig werden zu lassen. Dem Gedicht zufolge kann und muß dieser Versuch musealer Auferweckung immer unvollständig bleiben, kann nicht befriedigen, selbst wenn das Kleid, die Hülle vergangenen Lebens, noch so perfekt, sozusagen bis zum letzten Knopf, erhalten wurde: Können bewahrte Erinnerungsstücke doch immer nur einen rein äußerlichen Ersatz bilden für jenes innere, lang erstorbene Leben. Daß trotz der unzureichenden geschichtlichen Zeugnisse eine Beschwörung der Vergangenheit möglich ist – durch die Einbildungskraft des Dichters und seines Lesers –, darf als wichtigste Botschaft des nächsten Gedichts gelten.

Renée Mauger-Kauffmann: Place des Vosges

Dieser älteste der architektonisch bedeutenden Pariser Plätze (Metro: Chemin-Vert), dessen Grundidee auf Katharina von Medici zurückgeht, wurde unter Henri IV geschaffen, mit seinem Bau 1605 begonnen. Eingeschlossen von 36 Herrschaftshäusern bildet er ein vollkommenes Quadrat; die roten Backsteinfassaden werden kontrastreich abgesetzt von Fensterumkleidungen und Gesimsen in Weiß.

Der damals «Place Royale» genannte Platz wurde nach seiner Fertigstellung im Jahr 1612 bald zum Brennpunkt im Leben und Treiben der feinen Welt. Hier und in der unmittelbaren Nachbarschaft siedelten sich viele Persönlichkeiten an, deren Namen mit dem Klassischen Jahrhundert Frankreichs eng verbunden sind: Im Haus Nr. 21 soll Kardinal Richelieu gewohnt haben, der wohl größte Staatsmann des absolutistischen Zeitalters; in Nr. 17 wohnte der Bischof Bossuet, dessen Predigten seinen zeitüberdauernden Ruhm begründeten; in Nr. 11 lebte zeitweise die legendäre, hochgebildete und geistreiche Kurtisane Marion Delorme, die ihre Gunst selbst Richelieu geschenkt haben soll; im Haus Nr. 1 wurde die für ihre geistvollen Briefe berühmte zukünftige Madame de Sévigné geboren, die später das nahegelegene «Hôtel Carnavalet» mietete (vgl. S. 62) und dort glanzvolle, ausgelassene Feste veranstaltete. Schnell entstanden in der Nähe des Platzes weitere Stadtpaläste. Als einer der schönsten gilt das «Hôtel de Sully» (62, rue Saint-Antoine), das vom Duc de Sully, dem bedeutendsten Minister seiner Zeit und Vorgänger Richelieus, 1634 erworben und aufs Prächtigste ausgestaltet wurde.

Die «Place Royale» verlor ihre herausragende Bedeutung als Zentrum der galanten und mondänen Welt erst mit dem Umzug des Hofes nach Versailles. Ihren endgültigen Niedergang erlebte sie mit der französischen Revolution, als alles, was in diesem traditionell aristokratischen Viertel noch Rang und Namen besaß, in ungefährlichere Gegenden floh (vgl. dazu S. 60).

Seinen heutigen Namen erhielt der Platz im Jahre 1800 zu Ehren des Vogesen-Departements: Es hatte als erstes Steuern an das republikanische Regime abgeführt. Haus Nr. 6, in dem später Victor Hugo wohnte (siehe S. 44 f. und 52 ff.), birgt heute ein ihm gewidmetes Museum.

Renée Mauger-Kauffmann (geb. Kauffmann, verehelichte Baronin Mauger de Flechambault, Comtesse de Tebenna) wurde 1902 in Reims geboren. Nach ihrer Heirat ließ sie sich in Lyon nieder, wo sie bis 1948 eine maßgebende Rolle in Dichterzirkeln spielte. Mehrere ihrer in diesen Jahren entstandenen Lyrikbände wurden durch Provinzakademien preisgekrönt. Nach ihrer Übersiedlung in die Hauptstadt – ihre erste Pariser Lesung fand übrigens im «Lapin agile» statt (vgl. S. 179, 180 f.) – stand sie dort der «Académie de la Ballade Française» vor und nahm auch sonst aktiv am literarischen Leben teil. Die Académie Française zeichnete sie in den fünfziger Jahren mehrfach mit Literaturpreisen aus. Außerdem wurden ihr die Orden «Officier des Palmes académiques» und «Chevalier dans l'Ordre National des Arts et des Lettres» verliehen. Mit zahlreichen weiteren Auszeichnungen versehen starb sie 1979 im Pariser Vorort Asnières. Die Erstveröffentlichung des Gedichts datiert von 1976; 1980 wurde es aufgenommen in den posthum erschienenen Gedichtband ›Ultima verba‹.

Aristide Bruant: A la Bastille / An der Bastille

Die Place de la Bastille (Metro: Bastille), an der unlängst die neue Oper eröffnet wurde und ein neues Modewohnviertel entstand, ließ zur Entstehungszeit des Chansons längst nichts mehr erahnen von dem gewaltigen Festungsbau, der dem Platz seinen Namen gab, später in ein Gefängnis verwandelt, 1789 erstürmt und dem Erdboden gleichgemacht wurde. Zur Zeit Bruants (das Chanson datiert von 1880) befand sich dort ein großzügiger Platz im proletarischen Osten der Stadt, auf und an dem sich die Angehörigen der sozialen Unterschichten und gesellschaftliche Randexistenzen – Säufer, Gauner, leichte Mädchen – ein Stelldichein gaben. Da Bruant jenem Milieu selbst entstammt (zur Biographie siehe S. 159 f. und 175 f.), ist es nicht verwunderlich, daß er dieses bis in unsere Jahrhunderthälfte übelbeleumdete Viertel zum Thema wählt, so wie das beschriebene soziale Umfeld auch sonst ein bevorzugtes Motiv seiner Chansons ist (vgl. dazu auch S. 26 und 76). Das hier besungene Mädchen ist Tochter eines „Abraham", d. h. ihre Familie stammt wohl aus dem in unmittelbarer Nähe gelegenen, ebenfalls nicht gerade wohlangesehenen Wohnviertel armer Juden um die Rue des Rosiers. Sie nennt sich „Nini", d. h. sie läßt sich mit einem der traditionellen Namen für käufliche Mädchen rufen, wie er auch aus anderen populären Chansons bekannt ist. So wie schon in ›Dans la rue‹/›Auf der Straße‹ (S. 26) wird auch hier deutlich, wie sehr der Verfasser sympathisiert mit den sozial Schwachen und gesellschaftlich Geächteten (vgl. dazu auch ›A Montmerte‹/›Am Montmerte‹, S. 76).

Elisabeth Borione: La Chapelle

Die Verfasserin hat von 1935 bis zur Gegenwart eine Reihe von Gedichtbänden veröffentlicht, die mit mehreren Preisen ausgezeichnet wurden (Prix Villard 1935, Prix Renée Vivien 1937, Prix Verlaine 1953); für ihr Gesamtwerk erhielt sie 1977 den «Grand Prix Desbordes-Valmore».

Der am Fuß des Montmartre gelegene Boulevard de la Chapelle ist keiner der bekannten Prachtboulevards – er verläuft an der Grenze des

18. zum 10. Arrondissement und durchquert damit eines der ärmlichen Viertel von Paris mit hohem Anteil von Einwanderern aus dem Maghreb und Schwarzafrika (Metrostationen: Stalingrad, La Chapelle, Barbès-Rochechouart). Der Boulevard wird dreifach durchschnitten: Zweimal unterkreuzen ihn breite Schienenstränge, die zu den beiden nahegelegenen Bahnhöfen Gare de L'Est und Gare du Nord führen; in der Mitte des Boulevards selbst läuft die Metro als Hochbahn parallel zu den Bürgersteigen.

Hier, wo dicht an dicht kleine Läden überquellen auf den Bürgersteig, auf dem sich ein lebhaftes, lärmendes Völkchen umhertreibt, wird dem Betrachter eins schnell deutlich: Er müßte nicht lange nach den im Gedicht erwähnten zwielichtigen Gestalten und Prostituierten suchen, und er stieße bei näherem Eindringen ins Milieu ganz sicher auch auf die unsauberen, das Licht der Öffentlichkeit scheuenden Geschäfte. Nicht zu belegen allerdings ist die Annahme, der Boulevard verdanke seinen Namen einer Kapelle, die einst dort gestanden habe und die im Zuge des Eisenbahnbaus verschwunden sei: Der Boulevard erhielt seinen Namen vielmehr deshalb, weil er zwischen dem Stadtkern und dem früheren Vorort La-Chapelle-Saint-Denis verlief. Dieser Vorort besitzt zwar eine Kirche, sie liegt aber nicht am Boulevard, sondern weiter nördlich. Und diese Kirche (Saint-Denis) fiel mitnichten der Eisenbahn zum Opfer, sondern einzig ihr Turm wurde wegen Baufälligkeit abgerissen. Doch gerade aufgrund der Freiheit, mit der die Verfasserin hier mit der Stadtgeschichte umgeht (in Südfrankreich verwurzelt, sah sie Paris mit den Augen einer Provinzbewohnerin), ist dies Gedicht bemerkenswert: Es zeigt, wie sehr „sprechende" Namen Assoziationen freisetzen und zu eigener Ausdeutung verleiten können.

Der Boulevard de la Chapelle geht über in den Boulevard de Rochechouart. Dort gründete im Haus Nr. 84 Rodolphe Salis 1881 das erste Künstlerkabarett des Montmartre, das legendäre «Chat Noir», in dem der Verfasser des nächsten Textes auftrat: Aristide Bruant.

Aristide Bruant: A Montmerte/Am Montmerte

›A Montmerte‹ bestätigt, was im vorhergehenden Gedicht ›La Chapelle‹ bereits anklang: Die im Norden der Stadt gelegenen benachbarten Viertel La Chapelle und Montmartre beherbergten zur Zeit Bruants (für La Chapelle gilt dies heute noch) vor allem 'niedere' soziale Schichten und gesellschaftliche Randgruppen. Die «Butte» Montmartre und der Lebenslauf einer sich ihr zugehörig fühlenden Rinnsteinexistenz sind nun nicht nur Thema seines Liedes, sondern hier war es auch, wo der Chansonnier Bruant (zur Person siehe auch S. 159 f.) in der vulgären Sprache des 'gemeinen Volkes' und mit seinen bevorzugten Themen aus dem Gauner- und Dirnenmilieu (siehe dazu auch seine Chansons S. 26 und 66) den Reichen und Saturierten seine Verachtung ins Gesicht schrie: „Bruant sah in seinem bourgeoisen Publikum nichts als einen Haufen von Dummköpfen, die nicht verstehen konnten, was er sang, weil sie mit einem Silberlöffel im Maul geboren wurden", berichtet sein Zeitgenosse Francis Carco, und er zitiert Bruant: „Ich räche mich, indem ich sie beschimpfe [...]. Sie glauben, ich scherze, obwohl es oft die Erinnerung an die Vergangenheit ist, an die erlittene Not, den gesehenen Dreck, die auf meine Lippen kommt und mich so reden läßt, wie ich rede!" Die feine Gesellschaft, die Zola zufolge mit der Kalesche zu Bruant am Boulevard Rochechouart fuhr, ließ sich offenbar gerne beschimpfen und genoß die vulgäre Sprache und die populären Inhalte der Chansons. Man kam in Scharen, und an jedem Freitag, der zum «jour chic» erklärt worden war, erhöhte Bruant die Getränkepreise um mehr als das Zehnfache. Denn schon bald hatte er selbst ein Cabaret gegründet: Als Salis mit seinem «Chat Noir» vom Boulevard Rochechouart wegzog, übernahm Bruant 1885 das Lokal und nannte es «Le Mirliton». Unter diesem Titel gab er in regelmäßigen Abständen auch dünne, billige Chansonheftchen heraus, die z. T. von Steinlen und Toulouse-Lautrec illustriert waren (beide gehörten bekanntlich ebenfalls zum engeren Kreis der Montmartre-Künstler). Zehn Jahre später zog sich Bruant auf seinen inzwischen erworbenen Landsitz zurück, wobei er nicht versäumte, sich weiterhin einen Gewinnanteil am Umsatz des «Mirliton» zu sichern. Das Unternehmen existierte (später unter dem Namen «Cabaret Aristide Bruant») bis 1924, wenige Monate danach starb sein Gründer. Noch heute gilt Bruant als Prototyp des Montmartre-Chansonniers, und eine Straße des Viertels trägt seinen Namen.

Zu Strophe 1, Vers 3: Die schmale Rue Berthe liegt mitten auf dem Montmartre-Hügel nördlich vom Boulevard Rochechouart und westlich unterhalb von Sacré-Cœur.

Zu Strophe 2, Vers 2 und 3: Der «trois-six» ist ein billiger Schnaps. Den Namen erhielt er von seiner Mischung: Drei Einheiten Alkohol und drei Einheiten Wasser ergeben sechs Einheiten trinkbaren Alkohol. «La verte» ist ein Argotwort für den Absinth.

Zu Strophe 3, Vers 4: Der Boulevard Rochechouart bildet mit seinen Fortsetzungen Boulevard de la Chapelle und Boulevard de Clichy die südliche Grenze des Montmartre-Viertels.

Zu Strophe 5, Vers 2: Die Gründung der Kirche Sacré-Cœur ging nach dem Trauma des verlorenen Krieges gegen Deutschland 1871 auf das nationale Gelübde zurück, eine Sühne-Kirche zu errichten. 1876, also zwölf Jahre vor der Entstehung von Bruants Chanson, wurde mit dem Bau begonnen, 1919 wurde er eingeweiht. Der französische Text enthält hier ein Wortspiel mit «écœurer» (abstoßen, anekeln, zur Verzweiflung bringen) und dem Namen der Basilika.

Zu Strophe 6, Vers 4: Daß der Sprecher «dans les foins» (im Heu) 'heiratet', verweist auf den damals noch dörflichen Charakter des Montmartre.

Jean Cocteau: Fête de Montmartre / Montmartre-Fest

Cocteau, 1889 in Paris geboren, verbrachte unterhalb des Montmartre Kindheit und Jugend: Seine Familie wohnte in der Rue La Bruyère Nr. 45. Mit siebzehn Jahren lief er von zu Hause weg und schlug sich nach Marseille durch. Dort traf er mit Seeleuten zusammen, rauchte Opium und ließ erstmals seinen homoerotischen Neigungen freien Lauf. Obwohl er nach wenigen Tagen aufgegriffen und von der Gendarmerie nach Paris zurückgebracht wurde, sollte er zeitlebens von Matrosen fasziniert bleiben: Er wußte von da an, daß es „in allen Häfen der Welt" Seeleute gibt, die „allein oder zu mehreren umherstreifen, auf ein Augenzwinkern mit einem Lächeln antworten und eine Einladung zur Liebe niemals ablehnen", schreibt er viele Jahre später. Cocteau, dessen Leben von Skandalen und Opiumgenuß geprägt war, arbeitete mit Besessenheit in vielen künstlerischen Bereichen: als Dichter, Romancier, Dramatiker, Journalist, Graphiker, Illustrator, Maler, Filmregisseur und Choreograph. Im Gedicht ›Fête de Montmartre‹/›Montmartre-Fest‹ demonstriert er einen malerisch-kinematographischen (z. B. was die Bewegung und die Intensität der Farbempfindungen angeht) und zugleich verfremdend-phantastischen Umgang mit der Wirklichkeit.

Cocteau, der fließend Deutsch sprach, häufig nach Deutschland reiste und sein dortiges Publikum schätzte, erhielt 1955 einen Sitz in der Académie Française; 1963 starb er in Milly-la-Forêt bei Paris.

Jules Romains: Place du Tertre

Jules Romains (Pseudonym für Louis Farigoule), Dichter, Romancier und Theaterautor, wurde 1885 in der Auvergne geboren. Als er drei Wochen alt war, übersiedelte seine Familie nach Paris – in die Stadt, in der er aufwuchs, den überwiegenden Teil seines Lebens verbrachte und 1972 starb. Während seiner Kindheit zogen die Eltern mehrmals um, verließen jedoch nie den Montmartre, wo sie sich 1895 im Haus Nr. 54 der Rue Lamarck endgültig niederließen. Dort, auf der «Butte» und in unmittelbarer Nähe der Place du Tertre verbrachte Jules Romains seine Jugend. Als er sich 1910 eine eigene Wohnung nahm, zog er nur einige Straßen weiter in die Impasse Girardon: ein Beweis dafür, wie sehr er sich mit diesem Viertel verbunden fühlte.

Die Place du Tertre, die hier als Erinnerung an einstiges Liebesglück beschworen wird, bildet den Mittelpunkt des Montmartre. Sie ist der ehemalige Dorfplatz der einst selbständigen Gemeinde, und ab 1790 beherbergte das Haus Nr. 3 ihr erstes Rathaus. Auf dem Platz, den einst Maler wie Utrillo auf der Leinwand festhielten, und der um 1920, als das Gedicht entstand, noch in beschaulicher Ruhe lag, sitzen heute Pseudokünstler vor ihren Staffeleien und bieten den Touristen Schnellporträts und minderwertige Stadtansichten feil. (Metro: Abbesses)

Suzanne Denglos: Sous un voile de givre ... /
Vom Rauhreif-Schleier zugedeckt ...

Das Gedicht spielt mit einem Topos, der in Lyrik wie Prosa seit langem begegnet: Paris als Stadt der Verliebten und Liebenden. Innerhalb dieser Stadt sind es wiederum einige Szenerien, die für Liebe und Leidenschaft besonders prädestiniert scheinen und immer wieder evoziert werden, so etwa lauschige Stellen im Bois de Boulogne, der Jardin du Luxembourg und die Seine-Ufer. (Vgl. zu alledem die Gedichte S. 42, 94, 108, 136.) Zu den von Liebenden häufig aufgesuchten Orten gehört auch der Montmartre, der einen reizvollen Blick über die gesamte Stadt ermöglicht und, mit der Place du Tertre als Mittelpunkt (siehe auch S. 82), ein bekanntlich ungemein lebendiges Viertel ist. Die Verfasserin des Gedichts wählte nun gerade nicht die gängigen Bilder von der 'Liebe in Paris': den berauschenden Frühlingsduft, den sonnendurchfluteten Sommer, das goldene Herbstlaub. Einzig die Wahl des Ortes entspricht bei ihr den bekannten Klischees; die äußeren Umstände hingegen – Nebel, Eis, Winter – sind der Liebesthematik von der lyrischen Tradition her gegenläufig.

Suzanne Denglos (geboren 1896) lebte in Paris und hatte als Mitarbeiterin der Zeitschrift ›L'Homme Libre de Montmartre‹ und Vorsitzende der «Académie Poétique de Montmartre» zu diesem Viertel eine besonders enge Beziehung. André Fau (geboren 1897), dem sie ihren Text widmete, war Maler, Illustrator, Dichter und Chansonnier und gehörte ebenfalls zum engeren Kreis der Montmartre-Künstler. Seine Lieder und Gedichte trug er unter anderem im berühmten Montmartre-Kabarett «Au Lapin Agile» vor (vgl. S. 179). Fau illustrierte Denglos' Lyrikband ›Sur les marches du ciel‹ (1968), dem das Gedicht entstammt.

André Salmon: L'aube rue Saint-Vincent /
Morgenrot in der Rue Saint-Vincent

Salmon erhob unverkennbar die Rue Saint-Vincent (Metrostationen: Abbesses, Lamarck-Coulaincourt) nicht als eine bestimmte Straße zum Thema seines Gedichts, sondern wollte sie symbolisch für den Montmartre insgesamt verstanden wissen, und dies nicht nur wegen der Erwähnung der Mühlenflügel als Wahrzeichen der «Butte». (Näheres zu den Mühlen siehe S. 181.) Denn die Rue Saint-Vincent ist eine der ältesten Straßen des Montmartre, die in vielen Liedern besungen wird. Sie beginnt auf der Spitze des Hügels direkt hinter der Kirche Sacré-Cœur (die zur Entstehungszeit des Gedichts noch nicht fertiggestellt war). Folgt man der Straße, sieht man rechts und links von ihr die montmartre-typischen, ebenfalls vielbesungenen steilen Treppen, und sie führt vorbei an dem letzten der alten Weinberge. Unmittelbar neben der Rue Saint-Vincent lebten – um nur die berühmtesten zu nennen – die Maler Renoir, Utrillo, Dufy, Utter und Suzanne Valadon, die den Montmartre in ihren Werken verewigt haben. Alle Genannten wohnten – teils nacheinander – in jenem Haus, in dem sich heute das sogenannte «Musée de Montmartre» befindet (und wo man einige der auf S. 175 erwähnten, von Bruant herausgegebenen Chansonheftchen betrachten kann). Vor allem aber befindet sich an der Kreuzung Rue Saint-Vincent/Rue des Saules das seit Schließung des «Chat Noir» berühmteste Künstlerkabarett des Montmartre: «Au Lapin Agile». Dort verkehrte regelmäßig die Künstler- und Schriftstellerbohème des Montmartre und seiner Umgebung – neben den genannten Malern und Picasso z. B. Verlaine, Francis Carco, Mac Orlan, Aristide Bruant, der Verfasser des Gedichtes selbst und sogar Apollinaire, der damals am entfernten Boulevard Saint-Germain wohnte. (Zu den Genannten vgl. S. 156 f., 180, 195, 159 f., 191.) Das Kabarett existiert heute noch und hat sich den volkstümlichen Charakter nicht nur durch seine rustikale Aufmachung bewahrt, sondern die Gäste selbst singen dort noch gemeinsam populäre Lieder oder ihren Refrain, wie es schon im «Chat Noir» und im «Mirliton» üblich gewesen war. (Siehe S. 174 und 175.)

Der im Gedicht so fleißig-fröhliche und, passend zum Umfeld, singende Brunnen befindet sich am Ende der Rue Saint-Vincent auf der Place Pecqueur; dort sprudelte schon zu Zeiten der Römer eine Quelle, deren Wasser in einem Becken aufgefangen wurde und die jahrhundertelang «Fontaine du buc» hieß. Heute steht dort ein Brunnen, der 1936 zur Erinnerung an den Montmartre-Maler Steinlen errichtet wurde.

Typisch für die Atmosphäre des Montmartre zur Entstehungszeit des Gedichts ist, daß das lyrische Ich die Nacht mit Galgenvögeln durchzecht hat – also in einer Gesellschaft, die schon bei Borione und Bruant auftauchte und im folgenden Gedicht von Carco wiederbegegnen wird.

André Salmon, 1881 in Paris geboren, 1969 in Sanary gestorben, verbrachte seine Jugend in Rußland und kehrte 1903 nach Paris zurück. Zusammen mit Apollinaire und Max Jacob gründete er die Zeitschrift ›Le Festin de l'Europe‹ und veröffentlichte zwischen 1926 und 1959 zahlreiche Gedichtbände, Romane und Essais, die immer wieder auch und gerade Paris zum Thema haben. Eine besondere Beziehung hat Salmon aber vor allem zum Montmartre, denn in einem kleinen Zimmer der Straße, die er hier bedichtet, hat er auch gewohnt.

Francis Carco:
Bonjour, Paris!/Grüß dich, Paris!

Francis Carco (eigentlich François Carcopino-Tusoli) wurde 1886 in Neukaledonien geboren. Als Kind kam er nach Frankreich, und von 1910 bis zu seinem Tod 1958 lebte er in Paris. So wie Aristide Bruant als Prototyp des Montmartre-*Chansonniers* angesehen wird, gilt Francis Carco als der des Montmartre-*Schriftstellers*. Denn zentraler Gegenstand seines Schreibens ist immer wieder der Montmartre: das Künstler- und Ganovenmilieu dieses Viertels wählte er als Thema von Romanen und anderen Prosaschriften (›Scènes de la vie de Montmartre‹, 1919; ›Rue Pigalle‹, 1928; ›De Montmartre au Quartier Latin‹, 1927 u. v. a.), und seine Gedichte machten ihn zum Mittelpunkt der «Ecole fantaisiste», die ihre Inspiration ebenfalls im Umfeld des Montmartre fand. Regelmäßig verkehrte er in den Kabaretts der «Butte», in denen er auch Chansons und Gedichte vortrug.

In ›Bonjour, Paris!‹ besingt er die Montmartre-Atmosphäre seiner Zeit, die schon von Bruant, Cocteau und Salmon beschworen wurde. Der Vers «Bonjour, Paris des Assassins» ist eine Anspielung auf den «Lapin Agile» (vgl. dazu S. 179), der zuvor in scherzender Verspottung seiner Klientele «Cabaret des Assassins» hieß und auf seinem Schild den Montmartre-Mörder Troppmann zeigte. (Der Namenwechsel geht zurück auf ein Wortspiel mit dem Namen des Malers A. Gill =

à Gill = agile, der für das Kabarett ein neues Schild mit einem springenden – oder tanzenden? – Hasen = Lapin angefertigt hatte.)

Beenden wir unseren Rundgang auf dem Montmartre bei den von Carco wie von Salmon evozierten Mühlen. Die berühmtesten der ursprünglich rund 30 Windmühlen, die im 16. Jahrhundert auf dem Montmartre in Betrieb waren (im 19. Jh. waren es nur noch ein Dutzend), sind «Moulin Rouge» und «Moulin de la Galette». Die letztgenannte stammt noch aus dem 16. Jahrhundert und war später ein berühmtes Garten-Tanz-Lokal, dessen buntes Leben Renoir, Corot, Van Gogh und Utrillo im Bild festhielten und das Carco selbst zu dem Prosa-Gedicht ›Au Moulin de la Galette‹ inspirierte. Die Mühle ist noch heute von der Rue Lepic aus zwischen den Hausnummern 75 und 77 zu sehen. Die „Rote Mühle" = «Moulin Rouge» an der Place Blanche, heute ein berühmtes Variété-Theater, war früher ebenfalls ein beliebtes Tanzlokal, dessen Atmosphäre mit dem zügellosen Cancan Toulouse-Lautrec eingefangen hat und in dem u.a. auch Yvette Guilbert auftrat (vgl. S. 183). Darüber hinaus gab es zur Zeit Carcos am Boulevard de Clichy das Theater und Kabarett «Moulin de la Chanson».

Zu Strophe 2, Vers 5: «Midinettes»: Putzmacherinnen, die für ihre Leichtlebigkeit bekannt waren.

Zu Strophe 2, Vers 7: «Bals-musette»: populäre Tanzvergnügen, bei denen zur Akkordeonmusik insbesondere die «valse musette» (eine typisch französische Walzerart) getanzt wurde.

André Duvignac: Quartier Latin

Das Quartier Latin (fünftes Arrondissement und Teil des sechsten, Metro: Saint-Michel oder Odéon, RER: Saint-Michel) ist mit der Cité der älteste Stadtteil von Paris, und die vielen schmalen, verwinkelten Gäßchen, die von seinen heutigen Hauptschlagadern Boulevard Saint-Michel und Boulevard Saint-Germain abzweigen, lassen diese Vergangenheit noch erahnen. Schon im Mittelalter wurde es zu einem Studentenviertel, als die erste Hohe Schule von der Ile de la Cité auf das linke Seine-Ufer verlegt und dort wenig später die Sorbonne gegründet wurde. Seinen Namen erhielt es von der Gelehrtensprache Latein, die bis zur Revolution in diesem Viertel von Studenten und Professoren gesprochen wurde. Noch heute liegen hier viele Hochschuleinrichtungen: neben der Sorbonne und dem nicht weniger ruhmreichen Collège de France die Elite-Hochschulen Ecole Normale Supérieure, Ecole Polytechnique und Ecole des Mines, das Collège Sainte-Barbe oder die berühmten Lycées Henri IV, Louis-le-Grand und Saint-Louis.

Für diese lange akademische Tradition werden zwei der bekanntesten Gestalten genannt: Pierre Abaelard, ein zum Mythos gewordener Liebender und zugleich bedeutender Philosoph und Scholastiker, lehrte im 12. Jahrhundert zuerst an der Schule von Notre-Dame auf der Ile de la Cité und siedelte dann mit seinen rund 3000 Studenten ins Quartier Latin um. Der Dichter François Villon, vermutlich 1431 in Paris geboren, wohnte ab 1438 in der Rue Saint-Jacques, an der noch heute die Sorbonne liegt. Dort studierte er schon als Zwölfjähriger und erwarb 1452 den Titel des Magister Artium.

Gleich neben der Rue Saint-Jacques liegt die Kirche Saint-Séverin (1, rue des Prêtres-Saint-Séverin). Sie entstand vom 13. bis zum frühen 16. Jahrhundert.

Den Abschluß des Quartier Latin bildet der Jardin du Luxembourg (vgl. S. 108, 110), in dem Studenten der umliegenden Hochschulen ihre Freistunden zu verbringen pflegen. Gegenüber der Ostfront des gleichnamigen Palais befindet sich ein von Platanen und Efeu malerisch umrahmtes Wasserbecken mit Grottenarchitektur, die «Fontaine de Médicis». Sie stammt aus dem frühen 17. Jahrhundert; später wurde sie geschmückt mit Skulpturen von Liebespaaren aus der Mythologie. Ihr Name geht zurück auf die Königin Maria von Medici, die sich das Schloß als Witwensitz errichten ließ und den Bau der Fontäne in Auftrag gab. Duvignacs lyrischer Rundgang durchs Quartier Latin führt zurück in Richtung Seine. Er endet am Hôtel de Cluny (24, rue du Sommerard), einem der wenigen mittelalterlichen Palais', die in Paris erhalten sind. Es birgt eine bedeutende Sammlung mittelalterlicher Kunst; seine Prunkstücke sind im 15. Jahrhundert entstandene Gobelins, als deren beeindruckendstes Beispiel die Teppichfolge der „Dame mit dem Einhorn" gilt.

Das Gedicht ›Quartier Latin‹ stammt von 1984. Sein Autor André

Duvignac publizierte von 1912 bis 1984 mehr als ein Dutzend Lyrikbände.

Léon Xanrof: L'hôtel du numéro trois/ Das Hotel mit der Hausnummer acht

«Hôtel» wurden früher in Paris auch billige Pensionen genannt, die Dauergäste beherbergten und – wie in Xanrofs Chanson – teilweise beköstigten. Das «Hôtel du numéro trois» ist für den armen Studenten günstig gelegen: gleich neben der «Ecole de Médecine», d. h. der alten Medizinischen Fakultät (Rue de l'Ecole de Médecine, Metro: Odéon) im «Quartier Latin».

Der Verfasser des Textes, der mit Geburtsnamen Léon Fourneau hieß (geboren 1867 auf dem Montmartre, gestorben 1953 in Paris), studierte auf der in unmittelbarer Nähe der «Ecole de Médecine» gelegenen «Ecole de Droit» Rechtswissenschaft. So kannte er das Pariser Studentenleben aus eigener Erfahrung, und es ist sicher kein Zufall, daß ›L'hôtel du numéro trois‹ eines der ersten seiner veröffentlichten Chansons war. Da seine Eltern sich der Berufung ihres Sohnes als Dichter und Chansonnier widersetzten, schrieb er seine Texte (die er auch selbst vertonte) unter dem Pseudonym «Xanrof», d. h. dem lateinischen, in ein Anagramm gesetzten Wort für «Fourneau» (= Ofen). Neben verschiedenen journalistischen Tätigkeiten (insbesondere für die Rubriken „Gerichtsfälle" und „Theater"), in Zeitungen wie dem ›Gil Blas‹ oder dem ›Figaro‹, machte er sich einen Namen vor allem als Verfasser von Boulevardstücken, Revuen und Chansons. Diese (so ›L'hôtel du numéro trois‹) gab er auch in dem bekannten Künstlerlokal «Chat Noir» am Montmartre (vgl. S. 174 u. 175) zum besten. Seine Lieder trugen viel dazu bei, die legendäre Chansonnette Yvette Guilbert (1867–1944) berühmt zu machen, die u. a. von Toulouse-Lautrec verewigt wurde. ›L'hôtel du numéro trois‹ gehörte auch zu ihrem Repertoire.

Zu Strophe 4: Im französischen Text kann man aus den in der Suppe gefundenen Haaren «bagues» = Ringe anfertigen lassen. Dies spielt an auf eine damals geläufige Mode: Die Damen ließen oft aus ihrem Haar für den Mann ihres Herzens einen Ring anfertigen.

Marcel Poudade: Place Furstemberg

Die Place Furstemberg, nahe der Metrostation Saint-Germain-des-Prés, ist ein verträumter kleiner Platz im Viertel Saint-Germain. Seine Mitte wird beherrscht von vier Kaiserbäumen, auch Paulownien genannt, einer exotischen Baumart mit herzförmigen Blättern und duftenden Blüten. Der Name des Platzes geht zurück auf den Kardinal Egon von Fürstenberg, der ihn 1699 als Ehrenhof seiner Abtei St-Germain anlegen ließ. Daß die Bäume „ein Liebender gepflanzt" habe, birgt vermutlich eine Anspielung auf den Kardinal selbst: Zeitgenossen berichten, er sei in so leidenschaftlicher Liebe zu einer jungen Frau entbrannt gewesen, daß er sie mit seinem Neffen verheiratete, um sie ungehindert treffen zu können. – Haus Nr. 6, ehemaliges Atelier und Sterbehaus des berühmten romantischen Malers Eugène Delacroix, ist heute ein ihm gewidmetes Museum.

Marcel Poudade wurde 1900 am Quai de la Mégisserie geboren, nicht weit vom Viertel Saint-Germain entfernt. Schon in früher Jugend begann er zu zeichnen und Verse zu schreiben; später war er neben seiner beruflichen Tätigkeit als Ingenieur zeitlebens auch Aquarellist und Dichter. Ermutigt und gefördert wurde Poudade unter anderem von der Vorsitzenden der «Académie de la Ballade Française et des Poèmes à Forme fixe», Renée Mauger-Kauffmann (vgl. S. 64). Für sein lyrisches Werk wurden ihm mehrere Preise und Auszeichnungen zuteil.

Franck Venaille: Place Saint-Sulpice

Die Place Saint-Sulpice, die beherrscht wird von der gleichnamigen Kirche, entstand in der zweiten Hälfte des 18. Jahrhunderts. Das Haus Nr. 9 beherbergte bis zum Beginn unseres Jahrhunderts ein berühmtes Priesterseminar, und im ganzen Viertel „roch es ein wenig nach Weihrauch", wie Huysmans in seinem Roman ›Là-bas‹ schreibt. Zu dieser Atmosphäre trugen auch die vielen Devotionalienläden bei („wo man Gott zu Dutzenden verkauft"), von denen noch heute einige am Platz selbst und in den angrenzenden Sträßchen zu finden sind. Die zu Anfang des Gedichts genannte Rue Bonaparte führt direkt zur Seine hinunter; die Fontäne „im Schatten der Kirche" befindet sich seit 1844 auf der Platzmitte. Sie ist geschmückt mit den Statuen der bekanntesten Bischöfe aus der Entstehungszeit der Kirche: Bossuet (vgl. S. 64), Fénelon, Massillon und Fléchier. Gegenüber der Kirche liegt das auch heute noch an Festtagen mit der Trikolore geschmückte Rathaus des sechsten Arrondissements, und die Buslinie 86 führt noch immer am Platz vorbei. Und wäre der „verwitterte Kiosk" nicht inzwischen durch ein Exemplar moderner Einheitskonstruktion ersetzt worden, könnten heutige Betrachter den Eindruck erhalten, die letzten dreißig Jahre hätten auf dem Platz kaum Spuren hinterlassen. (Metro: Saint-Sulpice)

Franck Venaille – dem hier, wie anderen Dichtern, eine Örtlichkeit zum Anlaß der Erinnerung an vergangenes Liebesglück wird (vgl. die Gedichte S. 24, 48, 82, 126) – erblickte 1936 in Paris das Licht der Welt und verbrachte dort (nur unterbrochen durch die Teilnahme am Algerienkrieg) sein bisheriges Leben. Er sieht sich durch die Stadt geprägt, sein literarisches Schaffen durch sie beeinflußt. Seit den sechziger Jahren machte er durch Gedichte auf sich aufmerksam, anschließend folgten Romane, Erzählungen, Filmdialoge.

Gérard de Nerval: Une allée du Luxembourg/ Eine Allee im Luxembourg

Nerval (1808 in Paris geboren, 1855 dort gestorben) schrieb das Gedicht 1832 auf dem Höhepunkt der Romantik. Es spricht zwei ihrer zentralen Themen an: das verlorene Glück der Jugend und das vergebliche Bemühen, Entschwindendes festzuhalten. Der Jardin du Luxembourg (Metro/RER: Luxembourg), ein typischer Ort vor allem für glücklich Liebende (vgl. dazu auch S. 95 und 182), wird dabei für das „lyrische Ich" zum Ausgangspunkt der Reflexion über unerfüllte Sehnsüchte. Hier empfindet der Dichter um so schmerzlicher seine schicksalhafte Einsamkeit. Nervals Interpreten wurden nicht müde, darauf hinzuweisen, daß in seinem Werk immer wieder die Trauer um das verlorene Paradies der Kindheit und Jugend durchscheine; ebenso wie er gefesselt war vom Mythos des Ewig-Weiblichen, des idealisierten Bildes der Frau als vielgestaltigem, wandelbarem Geschöpf, das sich dem leidenschaftlichen Zugriff und der festhaltenden Inbesitznahme in immer wieder neuer Weise entzieht.

Der Grund dafür mag in seiner Lebensgeschichte liegen: Schon als Kleinkind verlor Nerval seine (damals erst fünfundzwanzigjährige) Mutter. Auch sein späteres Leben brachte Nerval keine Erfüllung: Ab 1837 war er in unglücklicher Liebe zu der Schauspielerin Jenny Colon entbrannt, die einen anderen heiratete und ebenfalls jung starb; Nervals Leben war von ständigen Geldsorgen begleitet und von heftigen Nervenkrisen überschattet, die bis zu seinem Freitod rund zehn mehrwöchige Klinikaufenthalte notwendig machten.

Gérard de Nerval (Pseudonym für Gérard Labrunie) hatte zeitlebens eine starke Bindung an Deutschland: Sein Vater war Arzt der Rheinarmee, die Mutter starb in Schlesien. Als Achtzehnjähriger begann Nerval mit der (1828 erschienenen) Übersetzung von Goethes ›Faust‹, später folgten Übertragungen weiterer deutscher Dichter, vor allem von Heinrich Heine, mit dem er freundschaftlich verbunden war. 1838 wurde eine Deutschlandreise zum Anlaß des Werkes ›Lorely, souvenirs d'Allemagne‹.

Auf dem Square Saint-Jacques, nahe bei Nervals Geburtshaus in der Rue Saint-Martin (Nr. 96, heute Nr. 168) und seines langjährigen Wohnortes (von 1815 bis 1834 lebte er mit seinem Vater in der Nr. 72 der gleichen Straße), erinnern an ihn eine Gedenksäule und ein schlichter, naturbelassener Stein, der die ersten acht Verse seines wohl bekanntesten Gedichts ›El Desdichado‹ trägt („Ich bin der Finstre, – der Beraubte, – der Untröstliche ...“).

Maurice Carême: Jardin du Luxembourg

Der Jardin du Luxembourg (Metro/RER: Luxembourg) ist einer der größten Pariser Parks. Er liegt höher als das historische Stadtzentrum (vgl. Strophe 3, Vers 2). Die Geschichte des Parks beginnt mit Maria von Medici (vgl. S. 182); wenige Jahre vor der Großen Revolution wurde er der Öffentlichkeit zugänglich gemacht, sein heutiges Gesicht erhielt er im Zweiten Kaiserreich. Den Mittelpunkt des Parks bildet ein achteckiges Wasserbecken – meist von Kindern umringt, die dort Spielzeugboote schwimmen lassen. Rings um das Becken erheben sich Terrassen, die mit Statuen französischer Königinnen und berühmter Frauen gesäumt sind. Der „entrückte Blick" der Königinnen in der ersten Strophe mag an Simone de Beauvoir erinnern, die sich jeden Morgen „im graugoldenen Luxembourg-Park unter den blicklosen Augen steinerner Königinnen" mit Sartre traf, wie sie selbst berichtet.

Die in den nächsten Versen genannten Dichter Nerval, Verlaine und Cros haben, auf unterschiedliche Weise, alle einen Bezug zum Jardin du Luxembourg: Eine Statue von Verlaine (vgl. S. 18, 120 ff.) befindet sich im westlichen Teil des Parks nahe der Rue Guynemer; Gérard de Nerval verfaßte 1832 das Gedicht ›Une allée du Luxembourg‹ (siehe S. 108); Charles Cros (vgl. S. 24) verbrachte nicht nur seine Kinderjahre in der Nähe dieses Parks (noch in einem Brief seines Todesjahres 1888 erinnert er sich an seine Spiele als Fünfjähriger im «Luxembourg»), sondern auch sein weiteres Leben: Er wechselte zwar rund zwanzigmal seinen Wohnsitz, entfernte sich aber nicht aus diesem Viertel (er starb im Haus Nr. 5 der Rue de Tournon, die zum Hauptportal des Palais du Luxembourg an der Stirnseite des Parks führt). Paul Fort (1872–1960), der wenig später beschworen wird, thematisiert den Park mehrfach, etwa in ›L'Amour au Luxembourg‹ der Gedichtsammlung ›Paris sentimental‹. Daß „die Abwesenden immer unrecht haben", sagt ein altes französisches Sprichwort.

Maurice Carême, 1899 in Brabant geboren, 1978 in Anderlecht bei Brüssel gestorben, verfaßte mehrere Romane, viele Erzählungen und über 60 Lyrikbände. Neben zahlreichen Preisen in Belgien wurde er 1968 mit dem «Grand Prix international de poésie» ausgezeichnet, in Paris wurde ihm 1972 der Titel «Grand Prince en poésie» verliehen. Seine Gedichte wurden in 15 Sprachen übersetzt und über hundertmal vertont. Carême, der als Poet der Liebe und der Freude bekannt wurde, war eher ein Dichter der ländlichen Idylle als der Stadt. Dennoch hegte er große Bewunderung für Paris.

Im vorliegenden Gedicht greift er das Thema unausweichlicher Vergänglichkeit auch der großen Geister und Gestalten auf, den Topos des „ubi sunt ..." Dessen wohl bekanntestes Beispiel ist die ›Ballade des Dames du temps jadis‹/›Ballade von großen Frauen vergangener Zeit‹ mit ihrem Refrain «Mais où sont les neiges d'antan?» (etwa „Wo ist der Schnee vom letzten Jahr?"). Ihr Verfasser ist Villon, dessen Name ebenfalls mit dem Quartier Latin (den Park gab es zu seiner Zeit noch nicht) eng verbunden ist (vgl. S. 94).

Samuel Beckett: Arènes de Lutèce

Die «Arènes de Lutèce» (Metro: Jussieu oder Monge) sind das älteste Bauwerk der Hauptstadt. Dies Amphitheater der römischen Siedlung Lutetia, in dem auch Kampfspiele stattfanden, wurde im 1.–2. Jahrhundert n. Chr. erbaut. Zehn- bis fünfzehntausend Besucher sollen dort Platz gefunden haben. Schon zwei Jahrhunderte später wurde es von den Barbaren zerstört, die seine Steine zum Bau von Festungsmauern verwendeten und das Terrain als Friedhof nutzten. Danach blieb über lange Zeiten hin die Lage der alten Arena unentdeckt; auf ihre Spuren stieß man erst Mitte des 19. Jahrhunderts bei Erdarbeiten für die Rue Monge. Seit 1918 ist die Arena in großen Teilen restauriert und wird von den Bewohnern des Viertels gerne zu Ballspielen genutzt.

Tritt man von der Rue des Arènes her ein (der Haupteingang befindet sich in der Rue de Navarre, der Ausgang zur Rue Monge ist inzwischen versperrt), sieht man rechterhand die Statue eines jungen Mädchens, das ein offenes Buch auf dem Schoß hält. Aufgestellt wurde sie zu Ehren des Archäologen Gabriel de Mortillet (1821–1898), der durch mehrere Bücher zu ur- und frühgeschichtlichen Themen bekannt wurde.

Samuel Beckett (eig. Barclay), Dichter, Romancier und Theaterautor, wurde 1906 in Irland geboren. Nach mehreren längeren Aufenthalten in der französischen Hauptstadt (unter anderem als Lektor an der nahe den Arènes gelegenen Ecole Normale Supérieure, wo auch der mit ihm befreundete Übersetzer Elmar Tophoven lehrte) ließ er sich 1937 endgültig in Paris nieder. Er starb dort im Dezember 1989.

Marcel Poudade: Place de la Contrescarpe

Die Place de la Contrescarpe (Metro: Monge) ist eines der malerischen Plätzchen am Rande des Quartier Latin. Es befindet sich an der Stelle, wo einst ein Festungstor der Stadtmauer lag. («Contrescarpe», ein Terminus Technicus des Festungsbaus, bezeichnet die äußere Grabenböschung einer Festung.) Bis in die zweite Hälfte unseres Jahrhunderts gehörte der Platz den Bewohnern des Kleineleuteviertels, war Treffpunkt von Clochards und Trunkenbolden. Sie wurden vom Massentourismus vertrieben, der dort nach Hemingways (1964 erschienenem) Buch ›Paris – ein Fest fürs Leben‹ einsetzte. Hemingway, der in der Rue du Cardinal Lemoine in unmittelbarer Nähe der Place de la Contrescarpe gewohnt hatte, schildert in seiner Erzählung mehrfach die Atmosphäre des Viertels. – Zur Biographie Poudades siehe S. 184.

Zu Strophe 1, Vers 2: Der Marquis von Vauban, Marschall von Frankreich (1633–1707), gilt als der berühmteste französische Festungsbaumeister seiner Zeit. Unter dem Sonnenkönig Ludwig XIV. sicherte er ganz Frankreich mit einem von Dünkirchen bis zu den Pyrenäen reichenden Festungsgürtel (so befestigte er u. a. auch damals zu Frankreich gehörende deutsche Städte wie Freiburg und Landau).

Paul Verlaine: Nocturne parisien/Pariser Notturno

Paul Verlaine veröffentlichte das Gedicht 1866 im Lyrikband ›Poèmes Saturniens‹ (vgl. S. 18). Dieser Titel verweist bereits auf den Grundton, in dem die Gedichte gehalten sind: Saturn ist ein Nachtgestirn des Unheils, von dem das Leben der unter seiner Einwirkung Geborenen überschattet wird, das ihren Lebensweg bestimmt und dem sie sich nicht entziehen können. Diese Verbindung prägt auch die Charaktere der ihm ausgelieferten Menschen: Sie neigen zu Melancholie und Schwermut. Dies thematisiert der Poet nicht von ungefähr schon im Anfangsgedicht seines Zyklus – denn Verlaine selbst wurde von tiefen Depressionen heimgesucht, die ihn lange vor Erscheinen des Bandes zu mancherlei Exzessen getrieben hatten (Alkohol, Drogen, sexuelle Ausschweifungen, Gewalttätigkeiten).

Seine schon in jungen Jahren beeindruckende Belesenheit zeigt sich bereits in den ersten Versen des Gedichts, eines seiner frühesten, das er noch auf der Schulbank verfaßte. Es beginnt mit einer Reminiszenz an Lord Byrons "Roll on, thou deep and dark-blue Ocean, roll!" Die Personifikation des Rheinstroms als Burggrafen verweist auf Victor Hugos am Rhein spielende Dramentrilogie ›Les Burgraves‹; die des Lignon als Sänger der Liebe enthält eine Anspielung auf Honoré d'Urfés mehrbändigen galanten Roman ›L'Astrée‹; und die wilde, gewaltige Naturlandschaft, die den Meschascébé säumt, stammt aus Chateaubriands Roman ›Atala‹, der den Konflikt zwischen Natur und Religion thematisiert.

Anläßlich einer Neuauflage der ›Poèmes Saturniens‹ schreibt Verlaine, er sei in diesem Jugendwerk insbesondere von Leconte de Lisle beeinflußt gewesen, einem Dichter, dessen Werk ähnlich wie die ›Poèmes Saturniens‹ von Pessimismus geprägt war. Nicht weniger stark beeinflußte ihn wohl auch Baudelaire, in dessen Leitmotiv des «ennui», einer Art depressiver Melancholie, er eigenes Empfinden zum Ausdruck gebracht sah. Der Vers «Et c'est l'aube des vols, des amours et des crimes» dürfte ganz konkret anspielen auf Baudelaires Gedicht ›Le Crépuscule du soir‹/›Abenddämmerung‹. In ihm wird der Abend als «ami du criminel»/„Freund des Verbrechers" apostrophiert, in dessen Schutz Prostitution und Gewalttat gedeihen.

Zu Vers 25: Da das lyrische Ich auf das Portal von Notre-Dame schaut, kann hier nur der «Petit Pont» gemeint sein.

Zu Vers 41: Die Polka wurde um die Mitte des 19. Jahrhunderts in Frankreich eingeführt und im Zweiten Kaiserreich zu einem volkstümlichen Modetanz.

Zu Vers 46: Rossini (1792–1868) war im damaligen Frankreich sehr berühmt. Ab den zwanziger Jahren hielt er sich mehrfach in der Hauptstadt auf, 1853 ließ er sich definitiv dort nieder.

Guillaume Apollinaire: Le Pont Mirabeau / Der Pont Mirabeau

Wilhelm Apollinaris de Kostrowitzky, bekannt als Guillaume Apollinaire, wurde 1880 in Rom geboren. 1898 kam er nach Paris, wo er im wesentlichen – erwähnenswert ist hier ein längerer Deutschlandaufenthalt besonders im Rheinland – auch sein Leben verbrachte. 1918 starb er an den Spätfolgen einer Kriegsverletzung. Berühmtheit erlangte Apollinaire mit seiner Lyriksammlung ›Alcools‹ (1913 erschienen), aus der das Gedicht stammt. Es datiert von 1912, d. h. einer Zeit, in der Apollinaire in unmittelbarer Nähe des Pont Mirabeau wohnte: 1909 war er in die Rue Gros gezogen (Nr. 15, dann Nr. 13), 1911 in die Rue Lafontaine Nr. 10. (Alle drei Häuser sind heute durch Neubauten ersetzt.) 1912 ist das Jahr seines Bruchs mit der Malerin Marie Laurencin, mit der er mehrere Jahre lang liiert gewesen war, und seines Wegzugs an den Boulevard Saint-Germain. „Nicht ohne Bitterkeit verließ ich dich, fernes Auteuil, liebliches Viertel meiner großen Traurigkeiten", schreibt er dazu später in ›Le flâneur des deux rives‹. Es ist anzunehmen, daß das Gedicht ›Le Pont Mirabeau‹ auf diese Lebenskrise Bezug nimmt.

Der Pont Mirabeau (Metrostationen: Mirabeau, Javel) wurde 1893–1896 erbaut von Résal, der wenig später auch den Pont Alexandre III gestaltete. Auf dem Pont Mirabeau und nicht auf dem viel berühmteren Pont Alexandre wurde 1954 der hundertste Geburtstag des Erbauers gefeiert – vielleicht eine Hommage an Apollinaire, der der Brücke mit seinem Gedicht ein Denkmal gesetzt hat. Die Brücke, die Auteuil mit dem linken Seine-Ufer verbindet, besteht aus einer Metallkonstruktion und ist geschmückt mit Statuen von Wassergöttinnen. Nach dem ebenfalls aus Eisen erbauten Fußgängersteg Pont des Arts war der Pont Mirabeau die erste 'richtige' Pariser Brücke, deren Konstruktion auf Stahl beruhte. Insofern stellte sie für Apollinaire als Dichter der Modernität, der sich für die Fortschritte der Technik begeisterte, ein besonderes Faszinosum dar. Von der Brücke aus schaut man übrigens auf den Eiffelturm, der in Apollinaires Gedichten ebenfalls mehrfach als Inbegriff der Modernität auftaucht und damit weit positiver gesehen wird als wenige Jahrzehnte früher von anderen Autoren (vgl. S. 128 ff. und 134). Auf dem rechten Seine-Ufer zitiert eine Gedenktafel mit dem Namenszug des Verfassers die ersten sechs Verse des Gedichts.

Complainte de Monsieur Lockroy sur la Tour Eiffel/ Herrn Lockroys Ballade vom Eiffelturm

Daß dieses Lied anonym veröffentlicht wurde, kann nicht verwundern: Ist es doch ein Beispiel jener Texte, die unter der Bezeichnung «Complaintes» über das 19. Jahrhundert hin auf Einblattdrucken an Straßenecken, auf Plätzen und Brücken der Hauptstadt in Unmengen verkauft wurden. Sie wurden von Straßenhändlern (die in Paris den speziellen Namen «canardiers» trugen) nicht selten auf gängige Melodien vorgesungen und anschließend für einen Spottpreis feilgeboten. Die Pariser «Complaintes» standen (im Unterschied zu den auf dem Land vertriebenen) der Tagespresse nahe und behandelten in meist ironischer Weise und mit vielen Sprachspielen aktuelle Geschehnisse. Auch in unserem Beispiel von 1887 geht es um ein damals brandaktuelles Thema, das die Gemüter der Pariser stark erhitzte: den geplanten Bau des Eiffelturms anläßlich der Weltausstellung von 1889, der «Exposition universelle», im Text kurz «l'universelle» genannt.

Die Anpreisung des Mammutvorhabens wird dem Journalisten und Politiker Edouard Simon in den Mund gelegt, der sich (nach dem Pseudonym seines Schauspieler-Vaters) «Lockroy» nannte. Als Wirtschaftsminister wurde er mit der Vorbereitung der Weltausstellung betraut und initiierte die Errichtung des Eiffelturms (ursprünglich mit der Absicht, ihn nach der Ausstellung wieder abbauen zu lassen).

In Strophe drei, Vers 3–6 wird auf nicht lange zurückliegende Kriegserlebnisse und Ängste angespielt: Ein Großteil der Pariser Bevölkerung stand noch unter dem Trauma, das die Belagerung von 1870/71 durch die deutschen Armeen hinterlassen hatte. Zu jener Zeit hatte Lockroy als Bataillonskommandeur in der eingeschlossenen Stadt gedient. Daß man vom Turm aus feindliche Truppenbewegungen in einem Umkreis von siebzig Kilometern werde verfolgen können, war inzwischen über Presse und fliegende Blätter verbreitet. Nicht von ungefähr evoziert so der französische Text, durch die Personifizierung des Turms als „Wachtposten" und durch die Betonung seiner Spitze («pointe»), die preußisch-deutschen Pickelhauben, die der Turm 'himmelhoch' überragen und überbieten wird.

In den Versen über die Prostituierten, deren hauptsächliches Jagdrevier damals der Montmartre war (vgl. dazu auch S. 76 und 88), wird der Turm, als mächtiger Zuhälter und Beschützer, bereits mit der Metaphorik verknüpft, die sich in der Folgezeit topisch mit ihm verbinden sollte: der eines überdimensionalen Phallussymbols, Zeichen für die Potenz und Stärke der allbefruchtenden Hauptstadt. (Siehe dazu auch das folgende Gedicht von Xanrof.) Strophe vier nimmt Bezug auf eine konkrete Initiative: Im Februar 1887 veröffentlichte eine Reihe namhafter Schriftsteller, Maler und Bildhauer in der Tageszeitung ›Le Temps‹ eine Protestschrift gegen die Errichtung des Turms. Dort sprachen sie sich scharf gegen das „unnütze und monströse" Gebilde aus und argumentierten, es passe nicht ins Bild einer Stadt, die auf ihre Vielzahl geschichtsträchtiger Monumente stolz sein könne. – Der «Puits de Grenelle» (Strophe 5, Vers 10) war ein damals berühmter, 1833–1841 gebohrter artesischer Brunnen, der sich auf der Place Breteuil im 15. Arrondissement befand und dessen Bohrung 548 Meter tief war.

Zu Beginn der Schlußstrophe wird auf René Goblet angespielt, einen Politiker mit bewegter Karriere: Er bekleidete nacheinander (teils als Kabinettskollege von Lockroy) verschiedene Ministerien; 1887 wurde er gestürzt, vermutlich bereits vor Entstehung des Liedes. Der französische Text enthält hier ein Wortspiel mit der mehrfachen Bedeutung von «tour», was „Parcours", „Trick" oder auch „Turm" heißen kann. Eine Übersetzung kann dieses und andere Sprachspiele des Textes selbstverständlich nicht wörtlich nachvollziehen. – Mit dem im drittletzten Vers genannten «Charenton» ist das bei Sceaux gelegene Charenton-le-Pont gemeint, in dem sich seit Mitte des 17. Jahrhunderts die zentrale psychiatrische Anstalt Frankreichs befand.

Léon Xanrof: La Tour Eiffel/Blick auf den Turm

Wie schon bei dem vorangegangenen handelt es sich auch hier um ein für seine Entstehungszeit ungemein respektloses Scherzlied. Es wurde von Xanrof (zur Biographie siehe S. 183) in Cabarets vorgetragen und zusammen mit den Noten verkauft – war also zum Nachsingen bestimmt und ging vermutlich von Mund zu Mund. Verfaßt wurde es kurz nach Fertigstellung des Turms, und es beweist, daß sich seine hier zu Göttern und Heiligen hochstilisierten Gegner auch nach Abschluß der Bauphase noch nicht mit der ihrer Ansicht nach schlecht ins Stadtbild passenden Konstruktion abgefunden hatten.

Hatte der Verfasser der ›Complainte de M. Lockroy‹ dem Turm – wenn auch höchst ironisch – zahlreiche denkbare Funktionen zugebilligt, wird in Xanrofs Chanson die selbst für sonst Allwissende undefinierbare Zweckbestimmung des Eisengiganten thematisiert. Die besorgte bis ablehnende Männerfront wird abschließend einzig von der Gottesmutter durchbrochen, deren positive Reaktion erneut auf phallische Bildzusammenhänge anspielt.

Mit seiner Höhe von 300 Metern sollte der Eiffelturm lange Zeit das höchste Bauwerk der Welt bleiben. Die Befürchtung des Heiligen Petrus (Strophe 2, Vers 1–4) greift die Vorstellung der Himmelserstürmung auf, mit der das kühne Unternehmen häufig in Zeitungen und Wochenblättern verglichen wurde.

Im 20. Jahrhundert sollte die Abneigung der Künstler gegen den Turm in eine positivere Haltung umschlagen: Apollinaire und Cocteau widmeten ihm Gedichte; von Picasso, Dufy, Utrillo, Seurat und Delaunay wurde er in Gemälden verewigt. (Metro: Bir-Hakeim, RER: Champ-de-Mars)

André Hardellet: Chanson/Lied

André Hardellet, 1911 in Vincennes bei Paris geboren, lebte von seiner Kindheit bis zu seinem Tod 1974 in Paris, und die Stadt ist immer wieder zentrales Thema seiner Gedichte und Romane. Dabei sieht er Paris nicht nur als vertrauten Lebensraum, sondern zugleich als Mysterium, als ewiges Rätsel. „Ich bin besessen von der Vorstellung einer geheimen Stadt, die sich hinter der alltäglichen verbirgt. Die, in der ich wohne, in der ich mich bewege, ist nicht die wirkliche; es existiert eine andere ...", sagt er selbst. Diese Vorstellung von Paris zeigt sich auch in seinem Gedicht. So erhält etwa der erste Vers «C'est une chanson des bords de la Seine» einen tieferen Sinn durch den letzten «C'est une chanson des bords de la nuit», und das Motiv der Liebenden in der vierten Strophe wird mit einem leisen Mollakkord untermalt durch die Anspielung auf Apollinaire, den „Verzauberer des Pont Mirabeau", dessen Gedicht verlorenes Glück und die Flüchtigkeit der Liebe beklagt (siehe S. 126).

Die in der dritten Strophe thematisierte Höhe von Ménilmontant (im 20. Arrondissement), eines der alten Arbeiterviertel, zeichnet sich durch besonders hohe Bevölkerungsdichte aus. (Im Verlauf der letzten Jahrzehnte entwickelte es sich mehr und mehr zu einem ärmlichen Ausländerviertel, in dem heute vor allem Nord- und Schwarzafrikaner wohnen.) Die dort so fröhlich spielenden Kinder werden nun assoziativ verbunden mit Märchengestalten, die sich gegen ihr Schicksal auflehnen. Schon hier wird also, ähnlich wie in der folgenden Strophe, der scheinbar unbeschwerte Ton des Abzählreims gleich wieder relativiert. Denkt man daran, daß im 19. und im ersten Drittel des 20. Jahrhunderts dies Viertel für seine volkstümlichen Vergnügungsstätten *(bals populaires, guinguettes)* berühmt war, mögen die beiden ersten Verse der Strophe dennoch eine Anspielung auf das Klischee des stets kindhaft-fröhlichen einfachen Volkes enthalten.

Hardellet widmet seinen Text Mac Orlan (1882–1970), einem Dichter und Romancier, der wie Francis Carco, Aristide Bruant und André Salmon (siehe S. 88, 76f., 86) zur Bohème von Montmartre gehörte und in seinem Werk zentral die Stadt Paris und insbesondere ihre Randgruppen thematisierte. Nicht ohne Stolz berichtet Hardellet im Vorwort zu ›Paris, ses poètes, ses chansons‹, er habe sich häufig mit Mac Orlan über die «grande époque du Montmartre» unterhalten.

Längst vorbei sind die Zeiten, zu denen man vom Quai de Bercy im Pariser Osten bis zum Quai de Grenelle im Westen am Wasser entlangschlendern konnte. Heute sind von den Quais nur noch Reststücke begehbar: Viele davon sind unpassierbar oder haben Entlastungsstraßen weichen müssen. Gleichzeitig verschwand weitgehend auch ein Phänomen, das lange als typisch für Paris galt: die von Hardellet evozierten Clochards unter den Seine-Brücken.

Der Bau des Pont des Arts (1802–1804), einer reinen Fußgängerbrücke (Metro: Pont-Neuf), wurde von Napoleon Bonaparte beschlossen. Verschönert wurde die Brücke schon damals mit Blumen- und Pflanzenschmuck sowie Sitzgelegenheiten, die zum Verweilen und Umherschauen einladen, denn der Pont des Arts bietet die schönste Aussicht aller Pariser Brücken. Besser als auf den anderen kann der Wind hier sein Unwesen treiben, denn durch die Ritzen des Bohlenbelags und das Gitter des Eisengeländers kann er hindurchpfeifen und die im Gedicht angesprochenen Wirkungen erzielen. Die Brücke führt direkt auf das «Institut de France» am linken Seine-Ufer zu, dem Sitz der altehrwürdigen Académie Française und ihrer „vierzig Unsterblichen". 1635 von Richelieu gegründet, gilt sie bis heute als Hüter und Bewahrer traditioneller Werte, als Inbegriff konservativen Denkens, als puristische Bastion gegen Neuerungen auch und gerade auf dem Gebiet der Sprachverwendung. In seiner saloppen, an der 'Sprache des Volkes' ausgerichteten Ausdrucksweise sang Brassens (in diesem wie vielen anderen Chansons) immer wieder an gegen die von der Académie vertretenen Normen (was in einer Übersetzung schwer nachzuzeichnen ist). Und der Wind, der hier um die Brücke pfeift, soll gewiß auch in die Köpfe der Académie-Mitglieder wehen und dort gegen Verkrustung und Verkalkung anblasen. Denn Brassens verkörperte nicht nur sprachlich den Typus des Nonkonformisten und Provokateurs in der Chansonszene der Jahrhundertmitte: Unermüdlich rebellierte er gegen festgefahrene Ordnungen und Konventionen, lästerte über Spießbürger und Sittenwächter, und es gab wenige Tabus, die er nicht zu brechen wagte. So war es nur konsequent, daß er, zur Aufnahme in die Académie Française vorgeschlagen, eine Kandidatur ablehnte. Der Wind, der in den letzten beiden Versen zum Ärgernis gerade für die «fâcheux» wird, steht also wohl auch für den Chansonnier selbst.

Brassens, Dichter und Komponist von rund 140 Liedern und einer der bekanntesten französischen Chansonniers, wurde 1921 in Sète/Südfrankreich geboren. Als Fünfzehnjähriger reiste er erstmals nach Paris und war sofort von der Stadt gefesselt. Zwei Jahre später übersiedelte er in die Hauptstadt, arbeitete in einer Fabrik und lebte in einem der ärmlichsten Viertel. Erst 1952 konnte er erste Erfolge in einem Montmartre-Cabaret verbuchen, danach wurde er von den in der Chansonszene führenden Häusern Bobino und Olympia engagiert. Tourneen in Frankreich und im Ausland folgten – wie auch ein immer breiterer Verkauf seiner Schallplatten (›Le vent‹ erschien 1954 auf seiner zweiten LP). Schließlich verlieh ihm 1967 die Académie Française den «Prix de la Poésie». Ab 1980 wurde es still um ihn: An Krebs erkrankt, zog er sich in seine Heimatstadt zurück, wo er 1981 starb.

Tristan Klingsor:
Sur le Pont-Neuf / Auf dem Pont-Neuf

Der Pont-Neuf ist – entgegen seinem Namen – die älteste der heutigen Pariser Seine-Brücken. Sie wurde 1578 bis 1604 unter Henri IV erbaut, dessen Reiterstatue sich auf der Brückenmitte befindet – dort, wo sie die Spitze der Ile de la Cité überspannt. Blickt man von da aus hinunter, sieht man auf den Square du Vert galant, die Abfahrtsstelle der Ausflugsschiffe. Diese Anlage ist ebenfalls nach Henri IV benannt: «Vert galant» war ein anzüglicher Spitzname des für seine Galanterien und amourösen Abenteuer berüchtigten Königs. Der Pont-Neuf unterschied sich ursprünglich von anderen Brücken der Stadt dadurch, daß er die erste nicht an beiden Seiten mit Häusern bebaute Brücke war und – nur durch Steinbrüstungen begrenzt – den Blick auf die Seine und das königliche Schloß freigab. Dies führte dazu, daß die für damalige Verhältnisse besonders breite Brücke zu einem der Zentren des öffentlichen Lebens wurde: Sie war sowohl "Promenade" der mondänen Welt, auf der nicht zuletzt die Jugend beiderlei Geschlechts flanierte und Kontakt aufnahm, als auch ein Schauplatz, an dem Possenreißer, Gaukler, Straßenhändler und sonstiges fahrendes Volk ihre Aktivitäten entfalteten. Wenn dem heutigen Stadtbesucher diese frühere Bedeutung der Brücke auch nicht mehr augenfällig wird, bleibt sie doch für Pariser ein symbolträchtiges Bauwerk, das auf eine lange und reiche Geschichte wie auf vergangenen Glanz und Größe verweist. (Metro: Pont-Neuf)

Tristan Klingsor (Pseudonym für Arthur Justin Léon Leclerc, 1874–1966), der die Brücke hier zum Thema macht, kam als Zwanzigjähriger aus der Provinz nach Paris. Er wurde bekannt durch eine Reihe von Gedichtbänden.

Zu Strophe 2, Vers 3 und 4: Die schon von Verlaine beschworenen, erst im Verlauf des letzten Jahrzehnts weitgehend verschwundenen Angler gehörten über Jahrhunderte hin untrennbar zum Bild der Seine-Quais. Aus der Sicht ausländischer Besucher galten sie als typisches Beispiel für die heiter-gelöste Ruhe und Beschaulichkeit französischer Lebensart.

Jean Vegman: Conciergerie

Die Conciergerie war zu der Zeit, als die Herrscher noch auf der Ile de la Cité residierten, Teil des Königsschlosses. Sie entstand im Zuge der Erweiterung durch Philipp den Schönen um 1300 und war Sitz des «concierge», des Schloßvogts und Haushofmeisters, dem auch die königliche Leibwache unterstand. Da er über die im Palast ansässigen Händler und Handwerker Gerichtsgewalt besaß, wurde das Erdgeschoß der Conciergerie schon bald als Gefängnis, später zeitweise auch als Staatsgefängnis genutzt. Schaurige Berühmtheit als Kerker erlangte sie während der Großen Revolution: Die Revolutionsführer wählten sie als „Wartesaal zur Guillotine", in dem während der Schreckensjahre mehrere Tausend Gefangene ihrem Urteilsspruch entgegenbangten. 2780 von ihnen, deren Namen heute in der «Galérie des Prisonniers» zu lesen sind, wurden zum Tode verurteilt und enthauptet. Eine der berühmtesten Gefangenen war Königin Marie-Antoinette, die Anfang August 1793 in die Conciergerie geschleppt und am 16. Oktober von hier aus zum Schafott gefahren wurde. Die Zelle, in der sie die letzten 35 Tage ihres Lebens verbrachte, wurde während der Restauration zur Sühnekapelle umgestaltet. Eine Nachbildung der Zelle anhand zeitgenössischer Stiche ist heute ebenfalls zu besichtigen. Am 9. Mai 1794 wurde auch Elisabeth von Frankreich, die Schwester Ludwigs XVI., in die Conciergerie gebracht, im Schnellverfahren abgeurteilt und einen Tag später auf die Guillotine geschickt. – Nur wenige Wochen zuvor hatte übrigens den Revolutionsführer Danton hier das gleiche Schicksal ereilt, wenige Wochen danach folgte ihm Robespierre. Weitere bekannte Persönlichkeiten, die in den

Jahren 1793–1794 ihre letzten Tage in der Conciergerie erlebten, sind der Dichter André Chénier, Madame du Barry, ehemalige Geliebte von Ludwig XV., oder Charlotte Corday, die Mörderin Marats.

Wichtigste mit dem schaurigen Revolutionsgeschehen verbundene Gebäudeteile sind (neben den bisher erwähnten) die nach dem Henker «Monsieur de Paris» benannte «Rue de Paris» in der «Salle des Gens d'Armes», wo man die ärmeren Gefangenen auf Strohschütten zusammenpferchte; die «Salle de toilette», wo die Verurteilten von Henkersknechten zur Hinrichtung vorbereitet wurden; die «Chapelle des Girondins», eine für diese gemäßigten Revolutionäre als Kollektivgefängnis genutzte Kapelle; die «Cour des femmes», in der die weiblichen Gefangenen frische Luft schöpfen und ihren Durst am Brunnen stillen durften. (Metro: Châtelet oder Cité, RER: Châtelet-les-Halles)

Der Autor Jean Vegman wurde 1931 in Paris geboren. Später übersiedelte er nach Kanada und veröffentlichte dort mehrere Lyrikbände.

Gérard de Nerval: Notre-Dame de Paris

Die gotische Kathedrale Notre-Dame (Metro: Cité, RER: Saint-Michel), von französischen Stadtführern gern als „Kathedrale der Kathedralen“ gefeiert, wurde 1163 bis 1330 erbaut. Kurz vor der Entstehung von Nervals Gedicht, das 1832 im ›Almanach des Muses‹ erschien, hatte Victor Hugo ihr ein literarisches Denkmal gesetzt (siehe Strophe 2, Vers 3): Er veröffentlichte den Roman ›Notre-Dame de Paris‹, der in deutscher Übersetzung und mehreren Verfilmungen unter dem Titel ›Der Glöckner von Notre-Dame‹ bekannt wurde. Der Roman verstand sich als Hohelied der mittelalterlichen Architektur und Auferweckung nationaler Vergangenheit, beschwor die Kathedrale als beseeltes Wesen und verkörperte Geschichte. Ähnliches klingt auch in diesem Gedicht Nervals an, das wie das vorangehende (siehe S. 108) auf dem Höhepunkt der Romantik erschien und einige ihrer Schlüsselthemen evoziert: Mittelalterkult, Vergänglichkeit und alles bedrohender Zerfall, Anziehungskraft der Ruinen, Macht der Erinnerung. Dementsprechend wird «le Temps» (die Zeit) mit dem im Französischen unüblichen Großbuchstaben geschrieben und damit personifiziert, zur mythischen Macht erhoben. Nerval verfaßte das

Gedicht in Alexandrinern, also im feierlichsten Versmaß der französischen Dichtung, das traditionell der Behandlung von „hohen" Themen vorbehalten zu sein pflegt. (Zur Biographie Nervals siehe S. 185f.)

Claude Delaunay: Ile Saint-Louis

Die Ile Saint-Louis (Metro: Pont-Marie oder Sully-Morland), die noch heute eines der ruhigsten und beschaulichsten Viertel der Hauptstadt ist, erhielt ihre heutige Gestalt in der ersten Hälfte des 17. Jahrhunderts: Ursprünglich bestand sie aus zwei durch einen Seine-Arm getrennten Inseln. Ludwig XIII. ließ den Zwischenraum auffüllen, die Insel durch Kaimauern befestigen und durch zwei Steinbrücken zugänglich machen. Dann wurde die Insel in Parzellen aufgeteilt, die gepachtet werden konnten. Da der alte Adel noch das Marais als Wohngegend bevorzugte (siehe dazu S. 170–172), siedelte sich auf der Ile Saint-Louis vor allem das Großbürgertum an. So zeigen die Häuser der Insel den typischen Baustil der Stadtpaläste des 17. Jahrhunderts: elegante Fassaden, große Portale, die vom Gedicht evozierten, kunstvollen schmiedeeisernen Balkone, eine architektonische Neuerung jener Epoche. Der Quai de Béthune, der den südlichen Teil der Insel säumt, hieß so nicht zufällig früher Quai des Balcons.

Claude Delaunay wurde 1915 in der Vendée geboren, in Nantes besuchte er die Kunstakademie. Vielleicht erinnern ihn deshalb die Häuserfronten an „Steilküsten". Danach wechselte er in die Pariser «Ecole Nationale des Arts Décoratifs» über; später war er als Maler und Illustrator tätig. Wie sehr er die Welt mit Künstleraugen sieht, zeigt sich in seinem Gedicht: Delaunay ist fasziniert vom Kontrast zwischen gedämpften und kräftigen Farbtönen sowie – schon in den beiden Anfangsversen – dem Spiel von Licht und Schatten. Hier mag sich der Einfluß eines seiner Lehrer zeigen, des bekannten Landschaftsmalers Brianchon, der sich intensiv mit den Fauves und den Impressionisten auseinandergesetzt hatte. Nicht zufällig heißt auch Delaunays Gedichtband, dem der Text entstammt, ›Ombres et Lumières‹ („Licht und Schatten").

Anne Sylvestre: T'en souviens-tu la Seine?/ Seine, erinnerst du dich?

Anne Sylvestre (eigentlich Anne Beugras), Sängerin selbstverfaßter und -vertonter Chansons, wurde 1934 in Lyon geboren und wuchs ab 1942 in Paris auf. Das Lied trägt stark autobiographische Züge: Von früher Jugend an, berichtet sie selbst, habe sie sich ausgiebig jener Träumerei hingegeben, die sich leitmotivisch auch durch das Chanson zieht, und wenn sie traurig war, habe sie sich ans Ufer der Seine gesetzt. Daß der Blick auf den Fluß Träume von Meer und Segeln entstehen läßt, mag Anne Sylvestres schon früh erwachter Leidenschaft für das Hochseesegeln entsprechen. Die Erwähnung der Zeit, zu der sie noch mittellos war, spielt an auf jene Jahre, in denen sie Literatur studierte und ihr Durchbruch auf der Bühne noch in der Zukunft lag. „Wieviele Stunden habe ich an den Quais verträumt, statt die Sorbonne zu besuchen", erklärt sie später die Entstehungsgeschichte des Liedes. Es datiert von 1964, als sie bereits über Frankreichs Grenzen hinaus bekannt war und Tourneen sie ins benachbarte Ausland geführt hatten (vgl. dazu die Schlußstrophe). Einen Schlüsselsatz für das Selbstverständnis von Anne Sylvestre enthält die dritte Strophe: «Et pourtant je n'ai pas changé» / „Und doch hab ich in nichts verändert mich". Mehrfach und nachdrücklich versichert sie in Interviews, im Auf und Ab ihres privaten wie beruflichen Lebens sei sie sich immer treu geblieben.

Schon 1962 wurde Anne Sylvestre mit dem «Prix de l'Académie de la chanson française» ausgezeichnet, 1967 mit dem «Grand Prix de l'Académie Charles Cros».

Quellenverzeichnis

Apollinaire, Guillaume: «Le Pont Mirabeau», in: *Œuvres poétiques*, Paris, Gallimard 1965, S. 45.

Aragon, Louis: «Paris», in: *La Diane française*, Paris, Seghers 1946, S. 77. © Société Messidor, Paris. Deutsch von Helmut Heinrich, in: Louis Aragon: *Zu lieben bis Vernunft verbrennt*, Berlin, © Verlag Volk und Welt 1968, S. 75.

Auguez, Guy: «Au Bois de Boulogne», in: *Paris, précédé de ce qu'on a dit de Paris dans tous les temps et dans tous les pays* (*L'Encyclopédie poétique*, t. IX), Paris, © Jean Grassin 1976, S. 45.

Barbier, Auguste: «La cuve», in: *Iambes et poèmes*, Paris, Paul Masgana ^{3}1840, S. 91 ff. Deutsch von Emanuel Geibel und Heinrich Leuthold, in: *Fünf Bücher französischer Lyrik vom Zeitalter der Revolution bis auf unsere Tage*, Stuttgart, Cotta'scher Verlag 1862, S. 199 ff.

Baudelaire, Charles: «Le cygne», in: *Œuvres complètes*, t. I, Paris, Gallimard 1975, S. 85 ff. Deutsch von Walter Benjamin, in: *Gesammelte Schriften IV, 1 (Charles Baudelaire: Tableaux parisiens)*, Frankfurt a. M., © Suhrkamp 1972, S. 27 ff.

Beckett, Samuel: «Arènes de Lutèce», in: *Gedichte* (zweisprachige Ausgabe), Wiesbaden, © Limes 1959, S. 74/75.

Borione, Elisabeth: «La Chapelle», in: Gaston Bourgeois (Ed.): *Paris et ses poètes*, Paris, Editions de la Revue moderne 1972, S. 38.

Brassens, Georges: «Le vent», in: *Texte* (zweisprachige Ausgabe), Ahrensburg, Damokles Verlag 1963, S. 118 ff.

Bruant, Aristide: «A la Bastille», in: Walter Rösler (Hrsg.): *Am Montmartre. Chansons und Monologe* (zweisprachige Ausgabe), Wien/Köln/Graz, Böhlau 1987, S. 65 ff. © 1987 Henschel Verlag, Berlin.

Bruant, Aristide: «A Montmerte», in: *Ebd.*, S. 60 ff. © 1987 Henschel Verlag, Berlin.

Bruant, Aristide: «Dans la rue», in: *Dans la Rue. Chansons et Monologues*, t. II, Paris, Editions d'aujourd'hui 1976, S. 11 ff.

Carco, Francis: «Bonjour, Paris!», in: *Romance de Paris*, Paris, © Albin Michel 1953, S. 9.

Carême, Maurice: «Jardin du Luxembourg», in: Gaston Bourgeois (Ed.): *Paris et ses poètes*, Paris, Editions de la Revue moderne 1972, S. 47.

Cocteau, Jean: «Fête de Montmartre», in: *Œuvres complètes*, t. III, [Lausanne,] © Editions Marguérat 1947, S. 143.

«Complainte de M. Lockroy sur la Tour Eiffel», Paris, L. Guérin et Cie. 1887 (Einblattdruck Pariser Nationalbibliothek, Signatur: fol Ye 85, Boîte Anonymes A–Y).
Cros, Charles: «A M. Haussmann», in: Charles Cros und Tristan Corbière: *Œuvres complètes*, Paris, Gallimard 1970, S. 421.
Delaunay, Claude: «Ile Saint-Louis», in: *Paris, précédé de ce qu'on a dit de Paris dans tous les temps et dans tous les pays (L'Encyclopédie poétique*, t. IX), Paris, © Jean Grassin 1976, S. 120.
Denglos, Suzanne: «Sous un voile de givre ...», in: *Paris, précédé de ce qu'on a dit de Paris dans tous les temps et dans tous les pays (L'Encyclopédie poétique*, t. IX), Paris, © Jean Grassin 1976, S. 126.
Desnos, Robert: «Couplets de la rue Saint-Martin», in: *Destinée arbitraire*, Paris, © Gallimard 1975, S. 177.
Duvignac, André: «Quartier Latin», in: Gaston Bourgeois (Ed.): *Paris et ses poètes*, Paris, Editions de la Revue moderne 1972, S. 79 f.
Gautier, Théophile: «Fantaisie d'hiver», in: *Emaux et Camées*, Lille/Genève, Textes littéraires français 1947, S. 68 f.
Hardellet, André: «Chanson», in: *La Cité Montgol, suivi de: Le Luisant et la Sorgue*, Paris, Seghers 1954, S. 62 f. © Editions Robert Laffont, Paris.
Hugo, Victor: «A l'Arc de Triomphe de l'Etoile», in: *Œuvres poétiques I. Avant l'exil. 1802–1851*, Paris, Gallimard 1954, S. 359 f. Deutsch von Heinrich Elsner, in: Victor Hugo: *Oden und Balladen*, Stuttgart 1841, S. 117 f.
Hugo, Victor: «A la Colonne», in: *Œuvres poétiques I*, a. a. O., S. 825 ff. Deutsch nach F. W. Dralle, in: Victor Hugo: *Dämmerungsgesänge*, Stuttgart 1842, S. 27 ff.
Klingsor, Tristan: «Sur le Pont-Neuf», in: *Le Valet de cœur. Poèmes*, Paris, Société du Mercure de France 1908, S. 167 f.
Lanzmann, Jacques: «Il est cinq heures, Paris s'éveille», in: Jacques Dutronc: *Chansons*. Paroles de Jacques Lanzmann et de Anne Segalen, Paris, Tschou 1968, S. 116 ff. © 1968 Editions Musicales Alpha, Paris.
Mauger-Kauffmann, Renée: «Place des Vosges», in: *Paris, précédé de ce qu'on a dit de Paris dans tous les temps et dans tous les pays (L'Encyclopédie poétique*, t. IX), Paris, © Jean Grassin 1976, S. 221.
Nerval, Gérard de: «Une allée du Luxembourg», in: *Œuvres*, t. I, Paris, Gallimard 1966, S. 16.
Nerval, Gérard de: «Notre-Dame de Paris», in: *Ebd.*, S. 17. Deutsch von Mona Wodsak, in: Mona Wodsak (Hrsg.): *Paris im Gedicht*, Frankfurt a. M., © Insel Verlag 1990, S. 90.
Poudade, Marcel: «Place de la Contrescarpe», in: *Paris, précédé de ce qu'on a dit de Paris dans tous les temps et dans tous les pays (L'Encyclopédie poétique*, t. IX), Paris, © Jean Grassin 1976, S. 272.

Poudade, Marcel: «Place Furstemberg», in: *Ebd.*, S. 272.

Queneau, Raymond: «Tuileries de mes peines», in: *Œuvres complètes*, Paris, © Gallimard 1989, S. 94 f. © Editions Gallimard.

Romains, Jules: «Place du Tertre», in: *Le Voyage des Amants*, Paris, © Gallimard [6]1921, S. 56.

Salmon, André: «L'aube rue Saint-Vincent», in: *Créances 1905–1910*, Paris, © Gallimard 1926, S. 132 f.

Sartre, Jean-Paul: «Dans la rue des Blancs-Manteaux», in: *Huis clos*, Paris, © Gallimard 1947, S. 35 f. Deutsch von Harry Kahn, in: Jean-Paul Sartre: *Bei geschlossenen Türen* (*Dramen*, Bd. I), Reinbek bei Hamburg, © Rowohlt 1961 ([1]1949), S. 79.

Scarron, Paul: «Sonett», in: *Œuvres*, t. VII, Paris, Bastien 1786, S. 329. Deutsch von Mona Wodsak, in: Mona Wodsak (Hrsg.): *Paris im Gedicht*, Frankfurt a. M., © Insel Verlag 1990, S. 20.

Supervielle, Jules: «Musée Carnavalet», in: *Le forçat innocent*, Paris, © Gallimard 1930, S. 69. Deutsch von Friedhelm Kemp, in: *Die Fähre* 1, 1946, S. 544.

Supervielle, Jules: «Paris», in: *Choix de poèmes*, Paris, © Gallimard 1947, S. 240 f. Deutsch von Paul Celan, in: *Gesammelte Werke in fünf Bänden*. Vierter Band: *Übertragungen I*, Frankfurt a. M., Suhrkamp 1983, S. 413.

Sylvestre, Anne: «T'en souviens-tu, la Seine?», in: Jean Monteaux (Ed.): *Anne Sylvestre*, Paris, Seghers 1971, S. 150 f.

Vegman, Jean: «Conciergerie», in: *Paris, précédé de ce qu'on a dit de Paris dans tous les temps et dans tous les pays* (*L'Encyclopédie poétique*, t. IX), Paris, © Jean Grassin 1976, S. 333.

Venaille, Franck: «Place Saint-Sulpice», in: Bernard Delvaille (Ed.): *Paris, ses poètes, ses chansons*, Paris, Seghers 1977, S. 91 f.

Verlaine, Paul: «Croquis parisien», in: *Œuvres poétiques complètes*, Paris, Gallimard 1962, S. 65.

Verlaine, Paul: «Nocturne parisien», in: *Ebd.*, S. 83 ff. Deutsch nach Graf Wolf von Kalckreuth, in: Paul Verlaine: *Ausgewählte Gedichte*, Leipzig, Insel Verlag [2]1912, S. 25 ff.

Xanrof, Léon: «L'hôtel du numéro trois», in: *Chansons sans-gêne*, Paris, G. Ondet [10]1890, S. 161 ff.

Xanrof, Léon: «La Tour Eiffel», in: *Ebd.*, S. 45 ff. Deutsch von Johannes Westenfelder, in: Hans von Ziegesar (Hrsg.): *Reise Textbuch Paris. Ein literarischer Begleiter auf den Wegen durch die Stadt*, München, dtv 1986, S. 226 f.

Abbildungsnachweis

Delaunay, Claude: Ile Saint-Louis (in: *Paris, précédé de ce qu'on a dit de Paris dans tous les temps et dans tous les pays, L'Encyclopédie poétique,* t. IX, Paris, Jean Grassin 1976, S. 121). © VG Bild-Kunst, Bonn 1993.
Gambier, Léon: Paris en 1650 (*Ebd.,* S. 309). © VG Bild-Kunst, Bonn 1993.
Rozenker, Maurice: Place des Vosges (*Ebd.,* S. 321).
Thorigny, Félix: Rue de l'Ecole-de-Médecine (Kupferstich der Nationalbibliothek Paris, Cabinet des Estampes).
Véder, Eugène: Moulin de la Galette (in: Francis Carco, *Promenades pittoresques à Montmartre,* Paris, Editions Léo Delteil 1922, S. 8).